essentials

essentials liefern aktuelles Wissen in konzentrierter Form. Die Essenz dessen, worauf es als „State-of-the-Art" in der gegenwärtigen Fachdiskussion oder in der Praxis ankommt. *essentials* informieren schnell, unkompliziert und verständlich

- als Einführung in ein aktuelles Thema aus Ihrem Fachgebiet
- als Einstieg in ein für Sie noch unbekanntes Themenfeld
- als Einblick, um zum Thema mitreden zu können

Die Bücher in elektronischer und gedruckter Form bringen das Expertenwissen von Springer-Fachautoren kompakt zur Darstellung. Sie sind besonders für die Nutzung als eBook auf Tablet-PCs, eBook-Readern und Smartphones geeignet. *essentials:* Wissensbausteine aus den Wirtschafts-, Sozial- und Geisteswissenschaften, aus Technik und Naturwissenschaften sowie aus Medizin, Psychologie und Gesundheitsberufen. Von renommierten Autoren aller Springer-Verlagsmarken.

Weitere Bände in dieser Reihe http://www.springer.com/series/13088

Katja Mierke
Dominic-Nicolas Gansen-Ammann

Networking-Kompetenz im Job

Psychologisches Kommunikationswissen für Berufseinstieg und Karriere

Prof. Dr. Katja Mierke
Hochschule Fresenius
Köln, Deutschland

Dr. Dominic-Nicolas Gansen-Ammann
Hochschule Fresenius
Köln, Deutschland

ISSN 2197-6708
essentials
ISBN 978-3-658-15239-0
DOI 10.1007/978-3-658-15240-6

ISSN 2197-6716 (electronic)

ISBN 978-3-658-15240-6 (eBook)

Die Deutsche Nationalbibliothek verzeichnet diese Publikation in der Deutschen Nationalbibliografie; detaillierte bibliografische Daten sind im Internet über http://dnb.d-nb.de abrufbar.

Gedruckt auf säurefreiem und chlorfrei gebleichtem Papier

Springer ist Teil von Springer Nature
Die eingetragene Gesellschaft ist Springer Fachmedien Wiesbaden GmbH
Die Anschrift der Gesellschaft ist: Abraham-Lincoln-Strasse 46, 65189 Wiesbaden, Germany

Was Sie in diesem *essential* finden können

- Einen fundierten Überblick über Konzepte und Befunde der Karriereforschung
- Eine Einführung in psychologische Grundlagen zielorientierten und sozial kompetenten Handelns
- Fachwissen und Impulse zu Aufbau, Pflege und Nutzung von Netzwerken
- Zahlreiche Anregungen zur Selbstreflexion und praktischen Umsetzung

Inhaltsverzeichnis

Einleitung

1

Wer voll erwerbstätig ist, verbringt gut die Hälfte der Wachzeit eines Tages im Job, oft auch deutlich mehr. Umso wichtiger erscheint es, damit nicht nur seinen Lebensunterhalt bestreiten zu können, sondern diese Zeit auch als sinnstiftend und erfüllend zu erleben: Etwas zu tun, was Spaß macht, wobei man erfolgreich sein und sich weiterentwickeln kann. Für viele Menschen stellt Karriereerfolg ein wichtiges Lebensziel dar, das neben der finanziellen Entlohnung einen starken Anreiz bietet und Motivation und Zufriedenheit im Berufsalltag nachhaltig beeinflusst. Auch Unternehmen profitieren davon, Mitarbeiter[1] zu gewinnen und zu binden, deren Ziel es ist, rasch *und* verdient aufzusteigen, Verantwortung zu übernehmen und die Organisation mitzugestalten. Wir verstehen im Rahmen des vorliegenden *essentials* unter Karriereerfolg eine Form sozialen Erfolgs, d. h. Erfolg im Miteinander von Menschen, deren berufliche Aufgaben interdependent verwoben sind und die daher durch geschicktes soziales Verhalten voneinander und füreinander profitieren können. Wenn sich in einer arbeitsteiligen Organisation jeder gemäß seinen besonderen Stärken einbringen kann und man sich wechselseitig dabei unterstützt, diese Stärken weiterzuentwickeln, stehen Erfolg und Zielerreichung des Einzelnen keineswegs im Widerspruch zum Erfolg der Anderen oder der Gemeinschaft – im Gegenteil.

Die Internationalisierung der Arbeitswelt, neue Berufsbilder und die Flexibilisierung individueller Berufsbiografien tragen zu einer wachsenden Vielfalt an Möglichkeiten der Karrieregestaltung bei. Menschen an der Schwelle zum Berufseinstieg oder in einer Phase beruflicher Veränderung wünschen sich daher oft Orientierung und Unterstützung auf dem Weg zur Entfaltung ihres Potenzials.

---

[1]Zur leichteren Lesbarkeit wird zumeist auf die gleichzeitige Verwendung männlicher und weiblicher Sprachformen verzichtet. Sämtliche Personenbezeichnungen meinen alle Geschlechter.

© Springer Fachmedien Wiesbaden 2017
K. Mierke und D.-N. Gansen-Ammann, *Networking-Kompetenz im Job,*
essentials, DOI 10.1007/978-3-658-15240-6_1

1

Wir wenden uns mit diesem *essential* sowohl an Studierende und Absolventen kurz vor dem Berufseinstieg, als auch an Menschen, die sich in einer Phase der beruflichen (Neu-)Orientierung befinden. Wer sich beruflich verändern möchte, ist auf Networking und dabei wiederum auf soziale Kompetenz angewiesen. Ausgangspunkt für die Entstehung des vorliegenden Bandes ist der zweitägige Workshop *Be a Bonobo! Social Skills für Berufseinstieg und Karriere,* den wir extracurricular für Studierende der Hochschule Fresenius Köln sowie am freien Markt anbieten. Der Workshop kombiniert die Vermittlung wissenschaftlich fundierter Erkenntnisse mit zahlreichen praktischen Anregungen und Übungen zur Selbstreflexion, Rollenspielen und Kleingruppenarbeit. Auch wenn der persönliche Kontakt und Austausch dabei nicht ersetzbar sind, möchte dieses *essential* ebenso wissenschaftlichen und praktischen Anspruch miteinander verbinden und, wo es möglich ist, zum „Mitmachen" einladen.

Zunächst geben wir in Kap. 2 einen Überblick über zentrale Konzepte und empirische Befunde der Karriereforschung. Unter Rückgriff auf verhaltensbiologische Studien an Schimpansen und Bonobos wird ein kurzer Blick zurück auf unser evolutionäres Erbe geworfen, in dem bis heute Grundmuster unseres Sozialverhaltens, der Rangbildung und Konfliktlösung in Gruppen ihre Wurzeln haben. Dabei wird der Bezug zu Modellen und Studien menschlichen Karriereerfolgs hergestellt. Diese zeigen, welche besondere Rolle neben der fachlichen Qualifikation der Aufbau von Reputation in Gruppen spielt und welche Facetten sozialer Kompetenzen sich hierbei unterscheiden lassen. Zielgerichtetes soziales Netzwerken ist allerdings nur möglich, wenn man sich über die momentanen eigenen Ziele im Klaren ist und eine Vorstellung davon hat, in welchem Kontext sich diese gut verwirklichen lassen könnten. Dieser Aspekt wird in Kap. 3 vertieft, wobei Befunde der sozialpsychologischen Grundlagenforschung zur Aktivierung und bewussten Steuerung des eigenen Verhaltens zusammengefasst und in Form von Reflexionsübungen praktisch nutzbar gemacht werden.

Kap. 4 gibt im Rahmen eines Phasenmodells des Netzwerkens konkrete Impulse zur „Inventur" sowie zum Aufbau, zur Pflege und Nutzung des eigenen Netzwerks. Vertiefend gehen wir zudem auf Befunde der Positiven Psychologie ein. Diese demonstrieren, wie der Austausch von Freundlichkeiten und Respekt innerhalb von Teams sich nachhaltig sowohl auf Kognition und Wohlbefinden des Einzelnen als auch auf den objektiven Erfolg von Arbeitsgruppen auswirken. Das *essential* schließt mit einer Anregung zum Transfer auf individuelle Berufsperspektiven.

Konzepte und Befunde der Karriereforschung 2

Bei der Beschäftigung mit Karriereerfolg als *einer* Form des Erfolgs in sozialen Gruppen lohnt ein Blick in die evolutionäre Vergangenheit des Menschen. Die mit der Evolution einhergegangenen Entwicklungsschritte des Menschen sowie die evolvierten psychologischen und sozialen Mechanismen beeinflussen unser Miteinander in Berufs- und Privatleben (Buss 2004) bis heute. Dabei bietet die Auseinandersetzung mit der Evolutionspsychologie mögliche Erklärungen für soziale Prozesse im Arbeitsleben. Die Schlussfolgerungen, die sich hieraus ergeben, können – richtig verstanden und genutzt – für den eigenen Karriereerfolg hilfreich sein.

2.1 Karriereerfolg heißt „sich zum Affen machen"?!

Evolutionspsychologische Forschung basiert in weiten Teilen auf dem Vergleich unterschiedlicher Arten (Buss 2004). Im Rahmen der Karriereforschung kann dies z. B. der Blick zu den engsten Verwandten des Menschen sein, zu Bonobos und Schimpansen, mit denen er zahlreiche körperliche und psychische Eigenschaften teilt (Geissmann 2003). Dieser Blick zurück in die Natur kann relevant sein, da Bonobos, Schimpansen und eben auch Menschen größtenteils in Gruppen zusammen leben (und arbeiten) (Buunk und Dijkstra 2012; De Waal 2013). Dabei zeigt sich, dass (auch berufliche) Verhaltensweisen und Strategien durchaus vergleichbar sind:

> Unsere nächsten Verwandten, die Schimpansen, leben in kleinen Gruppen mit wenigen Dutzend Artgenossen. (…) Wenn sich zwei Männchen um die Alpha-Position streiten, schmieden sie in der Regel große Allianzen von männlichen und weiblichen Unterstützern innerhalb der Gruppe. Die verbündeten Familienmitglieder pflegen

© Springer Fachmedien Wiesbaden 2017
K. Mierke und D.-N. Gansen-Ammann, *Networking-Kompetenz im Job,*
essentials, DOI 10.1007/978-3-658-15240-6_2

ihre Beziehung in täglichem und intimem Kontakt, indem sie einander umarmen, berühren, küssen und lausen. Sie erweisen sich gegenseitig Gefälligkeiten und helfen einander aus der Patsche. Normalerweise setzt sich das Alphamännchen nicht deshalb an die Spitze des Rudels, weil es das Stärkere ist, sondern weil es sich ein großes und stabiles Unterstützernetzwerk aufgebaut hat (Harari 2013, S. 38 f.).

Wie im menschlichen Arbeitskontext etablieren sich auch unter Bonobos und Schimpansen Dominanzhierarchien, wobei höhere Positionen mit höherer Ressourcenkontrolle (z. B. Nahrung) und verbessertem Zugang zu Sexualpartnern zur Sicherstellung des Reproduktionserfolgs einhergehen (Pérusse 1993; Wuketits 1997).

In der Natur hingegen gibt es durchaus unterschiedliche Verhaltensweisen: So lässt sich beobachten, dass etwa Schimpansen teils aggressive Kommunikationstechniken verwenden (Imponieren, Gewalt androhen oder einsetzen), während Bonobos tendenziell friedfertige Kommunikationsstrategien nutzen (Schmusen, Austausch von positiven Handlungen). Analog zeigt die organisationspsychologische Forschung eine Reihe von menschlichen Einflusstaktiken, die bislang identifiziert und intensiv beforscht wurden. Das Verhalten der Schimpansen erinnert dabei am ehesten an die sog. *Assertivität* (Anweisungen geben, Forderungen stellen, Fristen setzen, auf Vorschriften pochen, die Befolgung gebieten; Blickle und Solga 2006, S. 614 f.). Solche Verhaltensweisen werden in der Psychologie auch als „harte Taktiken" bezeichnet, da sie dem Interaktionspartner kaum Freiraum für autonomes Verhalten lassen. Das Verhalten der Bonobos erinnert am ehesten an das sog. *Einschmeicheln* (loben, freundlich sein, Zustimmung zeigen, kleine Gefälligkeiten erweisen; Blickle und Solga 2006, S. 614 f.). Solche Verhaltensweisen werden auch als „weiche Taktiken" bezeichnet, da sie dem Interaktionspartner sehr viel Freiraum für autonome Reaktionen lassen.

Gerade weil Bonobos und Schimpansen offenbar sehr unterschiedliche Verhaltensweisen nutzen, um Status in ihrer Gruppe zu erwerben und zu erhalten, ist es umso bemerkenswerter, dass beide Arten ebenfalls viel Zeit in den Aufbau, die Pflege sowie die Nutzung von sozialen Netzwerken investieren (De Waal 2013). Diese Form des *Networking* basiert im Wesentlichen auf gegenseitigem Grooming oder „Lausen" (Dunbar 2010). Einige Primatenarten verbringen bis zu 20 % ihrer Wachzeit mit dieser Tätigkeit, die keineswegs mit Fellpflege zu verwechseln ist, sondern durch intensive Berührungen der Beziehungsgestaltung dient. Dabei wächst die Intensität des Grooming mit der Anzahl der Individuen innerhalb einer Gruppe, kann also als eine Reaktion auf größere intragruppale Konkurrenz verstanden werden. Zusätzlich werden Endorphine und Oxytocin ausgeschüttet, welche Stress reduzierend und vertrauensbildend wirken (Dunbar 2010; Kosfeld et al. 2005). Im Falle einer Notlage helfen Individuen einander häufiger, wenn sie zuvor gegroomt haben. Weiterhin werden Individuen mit vielen Grooming-Partnern seltener von dominanten Tieren angegriffen.

Dass Berührungen auch beim Menschen Vertrauen, Bindung und Kooperation im beruflichen Kontext fördern können, zeigt die Studie von Kraus et al. (2010): Teams der National Basketball Association (NBA), die in der ersten Hälfte einer Saison häufiger Berührungen ausgetauscht hatten, erreichten in der zweiten Hälfte mehr Punkte.

2.2   Die sozioanalytische Theorie zur Erklärung sozialen Erfolgs bei Mensch und Tier

Ein sparsames theoretisches Modell zur Vorhersage des Karriereerfolgs (Blickle et al. 2011; Gansen-Ammann 2014), das evolutionspsychologische Ideen integriert, ist die sozioanalytische Theorie (z. B. Hogan und Blickle 2013). Zwei wesentliche Grundannahmen der sozioanalytischen Theorie sind, 1) dass Menschen im Laufe ihrer Entwicklungsgeschichte stets in Gruppen leben und 2) dass diese durch Statushierarchien beschrieben werden können. Hieraus lassen sich zwei teils unbewusste Bestrebungen des Menschen ableiten (Hogan und Shelton 1998): 1) Streben nach sozialer Akzeptanz, Aufmerksamkeit und Zuwendung sowie 2) Streben nach Status, Macht und Ressourcenkontrolle innerhalb der eigenen Gruppe. Beide Aspekte sind wesentliche Determinanten des Reproduktionserfolgs von Bonobos, Schimpansen und Menschen: „Their importance is justified in Darwinian terms: People who cannot get along with others and who lack status and power have reduced opportunities for reproductive success" (J. Hogan und Holland 2003, S. 100).

Aus dem Blickwinkel der sozioanalytischen Theorie werden weiterhin soziale Interaktionen (auch im Berufsleben) beschrieben und analysiert (vgl. Abb. 2.1): Während Individuen zur Befriedigung ihrer oben genannten Motive im Rahmen von beruflichen Begegnungssituationen (z. B. mit dem Vorgesetzten, den Kunden, den Zulieferern) spezifisches *Verhalten* zeigen, wird zugleich ein Vorstellungsbild beim Interaktionspartner erzeugt *(Reputation)*. Dieses Vorstellungsbild bzw. der generierte Eindruck beim Interaktionspartner dient diesem wiederum zur Vorhersage zukünftigen Verhaltens der betreffenden Person. Ist die Reputation geprägt durch Verhalten, das der Interaktionspartner als belohnend oder angenehm beurteilt, so ist mit einer positiven Reputation zu rechnen. Zukünftige Begegnungen werden als attraktiv bewertet; auch die Weiterempfehlungswahrscheinlichkeit steigt. Ist die Reputation geprägt durch unangemessenes Verhalten, das nicht als belohnend empfunden wird, so ist mit einer negativen Reputation zu rechnen.

Zukünftige Begegnungen werden schon im Vorhinein als unattraktiv bewertet; die Weiterempfehlungswahrscheinlichkeit sinkt. Erleichtert wird sozial adäquates und angenehmes Verhalten durch soziale Fertigkeit, auf die wir in Kap. 2.4 eingehen werden (vgl. Abb. 2.1).

Im Arbeitskontext betreiben Menschen folglich Eindrucksmanagement, um gegenüber anderen in einem möglichst günstigen Licht zu erscheinen. Positive Reputation führt dann z. B. zu mehr sozialen und materiellen Ressourcen zum Zwecke der Erfüllung eigener beruflicher Aufgaben (z. B. Laird et al. 2009), wodurch diese in der Tat leichter fallen und zu besseren Ergebnissen führen können. Auf der anderen Seite überstrahlt die positive Reputation Urteile und Attributionsprozesse von Vorgesetzten, Kollegen oder Kunden im Arbeitsleben, sodass Leistungsbeurteilungen und Karrierechancen sich ebenfalls verbessern dürften (z. B. Cooper 1981; Hochwarter et al. 2007). Über Kommunikation zwischen Interaktionspartnern streut die erzielte Reputation (z. B. in Form von Weiterempfehlungen oder „Klatsch und Tratsch"; Dunbar 2004; Feinberg et al. 2012) und gelangt so möglicherweise zu einflussreichen und karriererelevanten Dritten.

Zusammenfassend sind *weiche und rationale Kommunikationsstrategien* aus sozioanalytischer Perspektive zu empfehlen, die mit einer günstigen Fremdbeurteilung durch Vorgesetzte zusammenhängen: So zeigte sich in der Meta-Analyse von Higgins, Judge und Ferris (2003) ein positiver Zusammenhang zwischen „bonoboesquem" *Einschmeicheln* und der Beurteilung beruflicher Leistungen. Die typisch menschliche *Rationalität* (logische Argumente vortragen, detaillierte schriftliche Ausarbeitungen vorlegen, unterstützende Informationen geben,

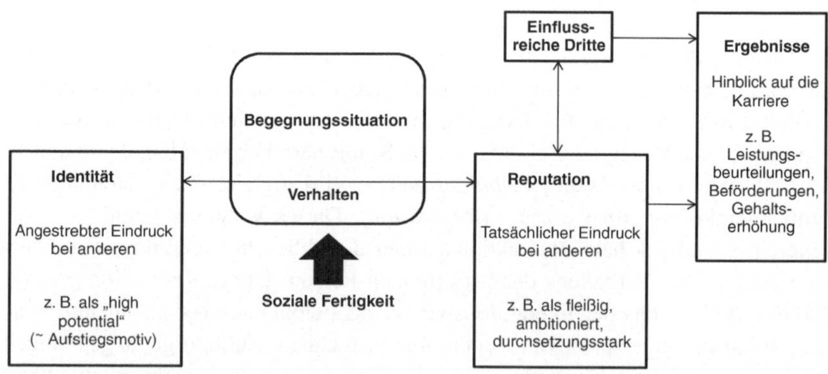

Abb. 2.1 Sozioanalytische Theorie zur Erklärung von Karriereerfolg. (Nach Hogan und Shelton 1998)

Blickle und Solga 2006, S. 614 f.) hing ebenfalls positiv, aber deutlich stärker mit Leistungsbeurteilungen zusammen. Beachtlich erscheint dabei die generelle Wirkung, welche die Verwendung von Rationalität im Arbeitsalltag als Kommunikationsmittel haben kann. So lässt sich der Einsatz rationaler Einflusstaktiken gegenüber anderen als Signalisieren von Gleichrangigkeit interpretieren. Die Wahrnehmung von Gleichrangigkeit hängt wiederum mit dem Gefühl respektiert zu werden, dem Zugehörigkeitsgefühl zu einer Gruppe, der Bereitschaft, sich für die Gruppe zu engagieren sowie der Bereitschaft zur Zusammenarbeit mit anderen (Arbeits-)Gruppen zusammen (Renger und Simon 2011; Simon et al. 2015). Im Gegensatz dazu hing die schimpansenartige *Assertivität* negativ mit der Leistungsbeurteilung durch den Vorgesetzten zusammen; wir dürfen also von einer negativen erzielten Reputation ausgehen. Insofern mündet der Einsatz von *Einschmeicheln* und *Rationalität* über die Bildung von positiver Reputation bei Interaktionspartnern und deren Kommunikation mit Dritten indirekt in berufsrelevantes und effektives Networking.

2.3 Networking als Kommunikation im großen Stil

Unter Networking werden nach Wolff und Moser (2006, S. 162) „alle Verhaltensweisen verstanden (…), die dem Aufbau und der Aufrechterhaltung von informellen Beziehungen dienen, deren (potenzieller) Effekt es ist, arbeitsbezogene Handlungen der beteiligten Personen durch freiwilliges Zur-Verfügung-Stellen von Ressourcen zu erleichtern und gemeinsame Vorteile zu optimieren." Sie unterscheiden dabei die Schritte 1) Aufbau, 2) Pflege und 3) Nutzung eines (beruflichen) Netzwerks. Jede dieser Phasen erfordert spezifische Verhaltensweisen, die innerhalb und/oder außerhalb der eigenen Organisation eingesetzt werden können und auf unterschiedlichen Entwicklungsstufen im Arbeitsleben unterschiedlich relevant sein können (s. a. Haas 2014). So gelingt der Aufbau von Kontakten möglicherweise rasch; diese Beziehungen sind jedoch meist noch nicht sehr belastbar und bedürfen der Pflege (Grooming!). Diese Pflege sozialer Kontakte ist hingegen eine lebenslange Aufgabe, die strategisch und im Hinblick auf die eigenen Karriereziele betrieben werden kann. Sie bedarf in der Regel eines Vorschusses an eigenen Gefälligkeiten und Unterstützungsangeboten an die Netzwerkpartner und ist eine zeitintensive und möglicherweise Ressourcen kostende Aufgabe. Die Nutzung sozialer Kontakte bedarf in der Regel der vorherigen Pflege und Investition von eigenen Ressourcen im Sinne der Reziprozitätsnorm („Eine Hand wäscht die andere"), um Gleiches nun einfordern zu können.

Empirische Befunde, die Networking als Verhaltensmuster mit beruflichem Erfolg (z. B. Stellenfindung und Berufseinstieg, Gehalt, Beförderungen und erfolgreicher Arbeitgeberwechsel, monetärer Nutzen für Unternehmen) in Verbindung bringen, sind zahlreich (Wolff und Moser 2006). Der Nutzen einer günstigen Reputation wurde bereits weiter oben erwähnt; eine günstige Reputation plus ein breites berufliches Netzwerk potenzieren diese Nutzeneffekte möglicherweise noch über (vgl. Haas 2014):

- *Selbstdarstellung* in breiterem sozialen Rahmen zwecks Reputationspflege und -förderung
- Zugang zu sozialen und materiellen *Ressourcen,* welche in einem Netzwerk kursieren und der eigenen Karriere dienlich sein können
- Erlernen neuer *Fertigkeiten* im sozialen Miteinander, welche gewinnbringend für die eigene Karriere eingesetzt werden können
- Möglichkeit, sich für andere zu engagieren und somit *Loyalitäten* gegenüber der eigenen Person zu fördern
- *Soziale Unterstützung* im privaten wie im beruflichen Bereich.

In Analogie zu einem Spinnennetz und in Anlehnung an Brass und Krackhardt (2012) sind bei der Entwicklung eines beruflichen Netzwerks vor allem folgende Aspekte zu beachten:

- *Zentralität im Netzwerk:* Je zentraler die eigene Position im beruflichen Netzwerk ist, desto stärker ist die eigene Kontrolle über einlaufende und ausgehende Informationen und andere Ressourcen, was die Vielfalt an Optionen im Arbeitsleben befördern kann. Die zentrale Position macht zudem unabhängiger von der Loyalität einzelner Netzwerkpartner und bietet eine Fülle an alternativen Beziehungen zur Zielerreichung an.
- *Strukturelle Löcher:* Als strukturelle Löcher werden Beziehungen zu solchen Individuen bezeichnet, die weniger gut vernetzt sind als man selbst. Dies erhöht ebenfalls die Kontrolle über ein- und ausgehende Informationen, reduziert die Redundanz von eingehenden Informationen und bietet die Möglichkeit zur Kontaktanbahnung weniger gut vernetzter Individuen mit gut vernetzten Individuen. Dies fördert wiederum die Loyalität sowie die eigene positive Reputation.

Zusammenfassend lässt sich die Empfehlung ableiten, die von anderen als belohnend empfundenen Einflusstaktiken *Rationalität* und *Einschmeicheln* im sozialen Kontext häufig anzuwenden und generell Kontakt zu Gruppen von Menschen herzustellen, die von den eigenen Stärken am meisten profitieren könnten (Buss 2004). Umgekehrt ist es sinnvoll, sich auch mit solchen zu vernetzen, die eigene Schwächen ergänzen und damit ausgleichen können. Hierzu sollten alle Gelegenheiten und Kommunikationsmittel genutzt werden, die zur Verfügung stehen (z. B. auch soziale Medien wie XING oder LinkedIn) und von den jeweiligen Interaktionspartnern präferiert werden (Haas 2014). Eine zentrale Position in einem beruflichen Netzwerk erhöht u. a. den Überblick über Ressourcen und die Mitgestaltung von Informationsflüssen. Damit verhilft sie auch zu Wissen von und über andere im Netzwerk und bietet die Option des gezielten Einsatzes solchen Wissens (z. B. über frei werdende Stellen). Zentralität im Netzwerk bietet zuletzt auch alternative Beziehungspfade, reduziert damit die Abhängigkeit der eigenen Person von anderen im Beruf und ermöglicht Verbindungen zu neuen Gruppierungen (Brass und Krackhardt 2012).

2.4 Networking erfordert soziales Gespür

Die sozioanalytische Theorie lehrt uns, dass die Überführung von eigenen Zielen und Wünschen in eine positive Reputation in unserem beruflichen Netzwerk dann gelingt, wenn wir über *soziale Fertigkeit* verfügen (s. Abb. 2.1). „Soziale Fertigkeit bezieht sich auf die kluge Auswahl der angemessenen Ziele und Verhaltensweisen und auf die daran anschließende überzeugende und einprägsame Ausübung des passenden Verhaltens; soziale Fertigkeit erlaubt Menschen daher, eigene soziale Ziele so zu erreichen wie die Auge-Hand-Koordination das Tennisspiel erleichtert" (Hogan und Blickle 2013, S. 56 f.; eigene Übersetzung). Während wir uns also bislang der Frage „*Was* tun, um Karriere zu machen?" widmeten (Kap. 2.2), stellen wir nun die Frage nach dem „*Wie* setzen wir dies um?" (Hogan et al. 2013; Wayne et al. 1997).

In wissenschaftlichen Studien zur Überprüfung der Vorhersagen der sozioanalytischen Theorie greifen Autoren meist auf die sogenannten politischen Fertigkeiten zurück (s. Gansen-Ammann 2014), wenn sie soziale Fertigkeit bei ihren Untersuchungsteilnehmern zu messen versuchen. Dabei ist zu berücksichtigen, dass politische Fertigkeiten einer langen Tradition der sogenannten Mikropolitik-Forschung entstammen. Damit sind im Grunde solche Verhaltensweisen im Arbeitsalltag gemeint, die bereits im vorherigen Kapitel angesprochen wurden: Wirtschaftsunternehmen, aber auch Behörden und andere Organisationen, werden aus dieser Perspektive u. a. als „politische Arenen" (Mintzberg 1985, S. 133) betrachtet, in denen Menschen miteinander um Macht und Einfluss ringen, um erfolgreich eigene Ziele und Interessen durchzusetzen. Insofern sollen *politische Fertigkeiten* als soziale Fertigkeit im Sinne der sozioanalytischen Theorie dabei behilflich sein, positive Reputation zu generieren, da sie die Fähigkeit abbilden, „andere bei der Arbeit effektiv zu verstehen und dieses Wissen zu nutzen, um andere so zu beeinflussen, dass sie durch ihr Handeln die persönlichen und/oder organisationalen Ziele des Einflussnehmers fördern" (Ferris et al. 2005, S. 127; Übersetzung von Neuberger 2011, S. 18).

1. Menschen mit hohen politischen Fertigkeiten verfügen in der Regel über eine besonders ausgeprägte *soziale Sensibilität* (Ferris et al. 2005, 2007). Diese Facette politischer Fertigkeiten macht sie sensibel für die Motive und Bedürfnisse ihrer Interaktionspartner, sodass sie in die Lage versetzt werden, soziale Situationen, Rollenanforderungen und Dynamiken schnell und effektiv zu erfassen. In der Folge können sie so ihr Verhalten an die Erfordernisse anpassen, wirken sozial kompetent und tragen dadurch zu einer positiven Eindrucksbildung bei den Gesprächspartnern bei.

2. Sie verfügen meist zudem über eine hohe *soziale Gewandtheit* und Fähigkeit zur Einflussnahme. Sie gelangen einfach und unkompliziert mit anderen Menschen ins Gespräch und machen dabei flexibel von einer breiten Vielfalt an möglichen und angemessenen Verhaltensweisen Gebrauch. Im Wechselspiel mit ihrer sozialen Sensibilität wählen sie die vielversprechendsten Kommunikationsmittel im Arbeitskontext aus, um ihre Gesprächspartner gezielt und subtil zu überzeugen.

3. Hinzu kommt die Facette der *Vertrauensbildung*. Sie verhilft Menschen im Arbeitskontext dazu, ihre wahren Motive und individuellen Ziele bei Bedarf zu verbergen, sodass sie in der Interaktion mit anderen durchgängig authentisch, ehrlich und offen wirken – auch wenn dies letztendlich nicht der Fall sein muss.

4. Als letzte Facette – und hier im Fokus – ist die *Netzwerkfähigkeit* zu nennen. Menschen mit hohen politischen Fertigkeiten sind in der Lage, leicht (informelle) Netzwerke im beruflichen Kontext zu wichtigen und einflussreichen Individuen aufzubauen, zu pflegen und bei Bedarf auch zu nutzen. Damit verfügen sie über ein breites Netzwerk, starke Allianzen und Koalitionen, von denen wir bereits zeigen konnten, dass sie für die eigene Karriere im Arbeitsleben auf mehrfache Weise hilfreich sein können.

Politische Fertigkeiten sind erlernbar (Blass et al. 2007). Dies ist umso erfreulicher, als dass politische Fertigkeiten direkte und indirekte Zusammenhänge mit beruflicher Leistung und Karriereerfolg aufweisen: Schmeicheln wird z. B. von Vorgesetzten schlechter durchschaut. Dies verhindert, dass Schmeicheln als „Schleimen" interpretiert wird, sodass negative Effekte des Einschmeichelns vermieden werden können (Treadway et al. 2007; s. a. Harris et al. 2007). Bei Frauen führt der Einsatz des Schmeichelns bei überdurchschnittlich hohen politischen Fertigkeiten zu höherer Sympathie der Vorgesetzten bzw. günstigerer Reputation und zu einer höheren Einschätzung des Beförderungspotenzials (Shaughnessy et al. 2011). Auch rationale Einflussnahme in Verbindung mit vorhandenen politischen Fertigkeiten hängt mit höherer Sympathie bei Vorgesetzten zusammen (Kolodinsky et al. 2007). Und auch hier zeigt sich die besondere Relevanz des Netzwerkens, denn die Facette Netzwerkfähigkeit stellt in verschiedensten Studien an verschiedenen Stichproben immer wieder den wichtigsten Faktor zur Erlangung von beruflichem Erfolg und Karriereerfolg dar (z. B. deutsche Personalräte bei Oerder et al. 2014; Führungskräfte verschiedener Branchen der deutschen Wirtschaft bei Gansen-Ammann 2014; deutsche Versicherungsmakler bei Blickle et al. 2012; Alumni einer privaten US-amerikanischen Hochschule bei Todd et al. 2009). Bei deutschen Psychologie-Studierenden hing Netzwerkfähigkeit zudem mit reduziertem Belastungserleben angesichts des Berufseinstiegs zusammen (Mierke et al. 2015). Die Stress reduzierende Wirkung dieser sozialen Fertigkeit wurde auch an berufstätigen Probanden in verschiedenen Ländern nachgewiesen (z. B. Zinko 2013). In Analogie zu den Bonobos zeigt sich also, dass soziale Fertigkeit – Orientierung am Gegenüber und dessen Bedürfnissen und Motiven – nicht nur dem eigenen Karriereerfolg zuträglich sein kann, sondern auch Stress reduzierend wirkt und dem Aufbau eines Unterstützungsnetzwerks dienen kann.

2.5 Warum Arbeitgeber auf soziale Fertigkeit achten (sollten)

Im Zuge der Bologna-Reform und des Wechsels der Studienabschlüsse von Diplom und Magister auf Bachelor und Master wurde die dadurch (vermeintlich) verbesserte Beschäftigungsfähigkeit von Hochschulabsolventinnen und -absolventen beschworen. Durch eine verbesserte internationale Vergleichbarkeit der Studienabschlüsse sollte die Mobilität und Attraktivität deutscher/europäischer Berufseinsteiger gefördert und der globalisierte Arbeitsmarkt auch in bzw. für Deutschland vitalisiert werden (Bundesministerium für Bildung und Forschung 2016). Im Gegensatz dazu spricht z. B. der Chef des Deutschen Industrie- und

Handelskammertages (DIHK) Schweitzer in einem Interview mit WELT kompakt (2015) von einer „Überakademisierung" in Deutschland. Auch wenn diese Hypothese lebhaft diskutiert wird, lässt sich doch feststellen, dass zunehmend mehr Menschen ein Studium in Deutschland aufnehmen (Statistisches Bundesamt o. J.).

Folglich werden auch mehr Menschen über einen akademischen Abschluss verfügen, als dies bisher der Fall war. Damit einhergehend werden sich auch Arbeitgeber mit der Frage auseinandersetzen müssen, nach welchen Kriterien sie zukünftig Bewerberinnen und Bewerber auswählen und High Potentials im Unternehmen identifizieren können. Denn verfügen alle über vergleichbar gute Fachkenntnisse, können diese nicht mehr zur Bestenauswahl herangezogen werden. Neue Kriterien für Beschäftigungsfähigkeit und Beförderungspotenzial müssen her (vgl. Hogan et al. 2013). Dies zeichnete sich bereits in einer Studie von J. Hogan und Brinkmeyer (1994) ab. Hier wurden über 6000 Stellenanzeigen in den USA ausgewertet und festgestellt, worauf Arbeitnehmer bei der Auswahl ihrer Mitarbeiter achten: Generell wurden dabei in 47 % der Anzeigen soziale Fertigkeiten genannt („good interpersonal skills"). Beachtlich ist, dass die Quote dieser Nennung mit der hierarchischen Position, die zu besetzen war, zusammenhing: Je höher die zu besetzende Stelle angesiedelt war, desto häufiger wurde soziale Fertigkeit gefordert (bis zu 84 % bei Stellenanzeigen für Managementpositionen). Beklagenswert ist hingegen ein Befund aus Hogan et al. (2013) unter Bezug auf den Guardian (2006), nach dem auch in Großbritannien 222 befragte Recruiter angaben, dass Arbeitgeber sich „soft skills" wie Teamfähigkeit, soziale Fertigkeit und interkulturelle Kompetenz wünschten, es allerdings nicht genügend Absolventen mit solcherlei Fertigkeiten gebe. Stattdessen weisen z. B. Bergmann et al. (2010) darauf hin, dass das Ausmaß an Ichbezogenheit bzw. Narzissmus seit 25 Jahren zumindest unter US-Studierenden zunehme. Hogan et al. (2013) benennen daher die soziale Fertigkeit als wesentliche Determinante der Beschäftigungsfähigkeit in heutigen Arbeitswelten, ganz in dem Sinne, dass – wenn nur die am besten Ausgebildeten als Führungskräfte, Spezialisten oder High Potentials zur Auswahl stehen – andere Merkmale (z. B. soziale Fertigkeit) zählen müssen, um die am besten Geeigneten für das Unternehmen zu identifizieren.

Zusammenfassend lässt sich festhalten, dass aus unserer Sicht das Training und die Entwicklung von sozialer Fertigkeit sowie von Netzwerkfähigkeit einen wesentlichen Beitrag zur Stärkung und zur dauerhaften Aufrechterhaltung von Beschäftigungsfähigkeit leisten.

Das Ziel ist der Weg

3

Sensibel dafür zu sein, was andere erwarten und sich gewandt entsprechend verhalten zu können – sofern man dies möchte – sind wesentliche Voraussetzungen dafür, sich ein weitverzweigtes soziales Netz aufzubauen, das in Situationen wie dem Eintritt ins Berufsleben oder kritischen Phasen der beruflichen Weiterentwicklung hilfreich ist. Wer ein solches Unterstützernetzwerk hat und in Anspruch nimmt, und wer sich zugleich im Kontakt authentisch, freundlich und integer verhält, reduziert nicht nur nachhaltig Stress, sondern erweitert auch objektiv die Palette der Möglichkeiten, eigene berufliche Identität, beruflichen Erfolg und Karriere zu gestalten.

Diese Vielfalt ist einerseits ein großes Geschenk. Andererseits fordert sie, dass wir zumindest für den jeweiligen Zeitpunkt gut darüber orientiert sind, wo wir ungefähr hinwollen. Im Folgenden werden die Bedeutung einer guten Passung von Person und (beruflicher) Umwelt, die Relevanz von Zielen und Möglichkeiten zur aktiven Nutzung des eigenen Verhaltensrepertoires aufgezeigt.

3.1 Fit sein heißt zur Umwelt passen

Der englische Begriff des „fit"-Seins wird umgangssprachlich oft im Sinne von Selbstoptimierung entlang bestimmter Dimensionen verwendet. Im Wortursprung bezieht er sich aber zunächst auf eine hohe *Passung* von Organismus und Umwelt – eine durch und durch evolutionspsychologische Idee (Buss 2004). Wenn sich also berufliche Kontexte und gesellschaftliche Lebensumwelten schnell verändern, erfordert Fitness in erster Linie Beweglichkeit. Entsprechend gibt es unserer Auffassung nach nicht *eine* allgemeingültig richtige, idealtypische Art und Weise, sich sozial kompetent zu verhalten oder erfolgreich zu netzwerken.

© Springer Fachmedien Wiesbaden 2017
K. Mierke und D.-N. Gansen-Ammann, *Networking-Kompetenz im Job,*
essentials, DOI 10.1007/978-3-658-15240-6_3

Soziale Sensitivität bedeutet daher nicht nur, die Erwartungen anderer in gegebenen Kontexten zu erspüren, sondern auch verschiedene Kontexte zu erproben und solche zu wählen, die einem persönlich entsprechen. Analog geht es bei Verhaltensflexibilität keineswegs darum, sich beliebig weit zu verbiegen, damit man zu einem Job kompatibel erscheint, der letztlich nicht zu einem passt. Nur ein gesundes Gleichgewicht aus eigener Anpassung und Anpassung (oder auch Auswahl) der Umwelt kann eine berufliche Persönlichkeit wachsen lassen, die zugleich kontextgerecht und dennoch authentisch handelt. Beides erfordert, dass man sich selbst gut kennt und die eigenen Stärken bewusst einzusetzen vermag.

Auf den folgenden Seiten möchten wir die Aufmerksamkeit daher zunächst auf die Bewusstwerdung und Verankerung eigener Werthaltungen und Fähigkeiten lenken. Nur wer weiß, was er oder sie will und gut kann, wird in der Lage sein, sich in relevanten Situationen zielorientiert zu verhalten. Dazu gehört auch, sich seine Umwelt so weit wie möglich so zu gestalten oder am besten direkt so zu wählen, dass sie zu diesen Werthaltungen und Fähigkeiten passt. Der Kabarettist Eckart von Hirschhausen (2009) beschreibt dies in seiner „Pinguin-Geschichte" sehr treffend: Der Pinguin hat zu kleine Flügel um zu fliegen, und er wirkt auch an Land aufgrund seiner Statur einigermaßen unbeholfen. Im Wasser bewegt er sich hingegen schnell, extrem ausdauernd und sehr elegant. Die weiteren Gedanken von Hirschhausens dazu sind im folgenden Zitat wiedergegeben:

> Der Pinguin erinnert mich an zwei Dinge: erstens, wie schnell ich Urteile fälle, nachdem ich jemanden in nur einer Situation gesehen habe, und wie ich damit komplett daneben liegen kann. Und zweitens, wie wichtig das Umfeld ist, damit das, was man gut kann, überhaupt zum Tragen kommt (…). Wer als Pinguin geboren wurde, wird auch nach sieben Jahren Therapie und Selbsterfahrung in diesem Leben keine Giraffe werden. Sich für die Suche nach den eigenen Stärken um Hilfe zu bemühen, ist kein Zeichen von Schwäche, sondern von Intelligenz. Ein guter Therapeut wird wie ein guter Freund oder eine gute Freundin nicht lange fragen: Warum hättest du gerne so einen langen Hals? sondern: Was willst du? Was macht dir Freude? (…) Und wenn du merkst, du bist ein Pinguin, schau dich um, wo du bist. Wenn du feststellst, dass du dich schon länger in der Wüste aufhältst, liegt es nicht nur an Dir, wenn es nicht flutscht. Alles was es braucht, sind kleine Schritte in die Richtung deines Elements (von Hirschhausen 2009, S. 356).

Menschen sind wie Pinguine prinzipiell in verschiedenen Umwelten lebensfähig, ihre Stärken entfalten sie aber erst richtig, wenn sie in ihrem Element sind. Wir reden jetzt in diesem Zusammenhang natürlich nicht von Felsen vs. Wasser, sondern z. B. von einem kleinen Start-up-Unternehmen vs. einem großen Konzern, Profit- vs. Non-Profit-Sektor, einer Rolle an der Front vs. im Hintergrund.

Bevor man beginnt, Beziehungen zu gestalten und soziale Netzwerke zu knüpfen, die einem den Weg erleichtern könnten, gilt es folglich in einem ersten Schritt herauszufinden, zu welchem Element dieser Weg sinnvollerweise führen könnte. Oder um neben von Hirschhausen noch Seneca zu zitieren: *Wer nicht weiß, wohin er segeln will, für den ist kein Wind der Richtige.*

3.2   Ziele? Viele! Das innere Netzwerk kennenlernen

Aus sozialpsychologischer Perspektive ist Persönlichkeit keine stabile Konstruktion aus Eigenschaften mit fester Ausprägung, zahlreiche sozial-kognitive Theorien und Modelle haben die Variabilität und dynamische Anpassungsfähigkeit des Selbst betont (Baron et al. 2006). Wir alle haben viele Gesichter, und unsere „Persönlichkeit" stellt am ehesten die individuelle, aber hochgradig flexible Kombination dieser unterschiedlichen Facetten oder Anteile dar, die wir in uns tragen.

Beispiel

Auf dem 75. Geburtstag einer Tante wird vermutlich eine andere Seite unserer selbst sichtbar, als wenn wir abends mit Freunden ausgehen. Wir verhalten uns in der Rolle des oder der Vorgesetzten gegenüber A anders als in der Kaffeeküche mit B, und wiederum anders, wenn C dabei ist. Auch innerhalb ein und derselben Situation spüren wir manchmal widersprüchliche Impulse in uns: Wenn beispielsweise ein Kollege am späten Nachmittag bei einer wichtigen und dringenden Aufgabe um Unterstützung bittet, mag es einen Teil von uns geben, der spontan denkt „Der Arme ist ja total überlastet. Ich muss ihm helfen", aber vielleicht auch einen anderen Teil, der denkt „Hey, bitte nicht, ich freue mich wirklich auf meinen freien Abend" oder auch so etwas wie „Kann der seine Sachen bitte *einmal* rechtzeitig alleine hinkriegen?!".

Der Kommunikationspsychologe Friedemann Schulz von Thun (1998) bezeichnet diese unterschiedlichen Tendenzen als „Inneres Team". Wenn Sie mögen, nehmen Sie sich nun ein wenig Zeit und folgen Sie der Selbstreflexionsübung in Box 3.1. Diese stellt einen wertvollen Grundstein für alle weiteren Anregungen zur Optimierung Ihrer Netzwerkfähigkeit dar.

Es lohnt sich wirklich, sich auf diese Übung einzulassen. Wir beobachten in unseren Workshops immer wieder, wie sehr eine gründliche Selbstreflexion die Orientierung fördert. Diese Rückmeldung geben uns vor allem diejenigen, die der Aufgabe anfangs eher skeptisch gegenüberstanden. Vielleicht ist sie auf den ersten Blick ungewohnt, aber sie ist zielführend. Wer sich seiner unterschiedlichen

---

Anwendung: „Mein Inneres Netzwerk"

Was ist Ihnen im Zusammenhang mit dem nächsten Schritt Ihrer beruflichen Entwicklung besonders wichtig? Und welche konkreten Gedanken, Hoffnungen und vielleicht auch Ängste tauchen auf, wenn Sie an den Berufseinstieg bzw. an den nächsten möglichen Karriereschritt denken?

Notieren Sie zunächst einmal – wie bei einem Brainstorming oder einer Materialsammlung – frei alles, was Ihnen in den Sinn kommt.

• Was würde Ihnen so richtig gut gefallen?
• Was macht Ihnen Kopfzerbrechen oder Bauchweh?
• Was könnten Sie jeweils tun, wenn das wahr wird? Was ist daran gut oder wichtig?
• Und was könnten Sie nicht (mehr) tun?
• Welche konkreten Ziele ergeben sich hieraus?

Einiges davon mag zueinander widersprüchlich sein, das macht gar nichts. Nehmen Sie sich Zeit. Auch wenn Ihnen manche Gedanken vielleicht zunächst selbst unangenehm sind: Es sieht ja keiner, was Sie schreiben. Sie machen das nur für sich. Formulieren Sie Stichworte oder auch Sätze wie „Ich träume davon, dass…", „Ich mache mir Gedanken, ob…".

Im nächsten Schritt überlegen Sie bitte, welche Menschen in Ihrem Leben gerade wichtig sind, und was diese sich wohl für Sie bzw. von Ihnen wünschen. Was erwarten gute Freunde, was Partner oder Partnerin? Was hoffen Ihre Eltern für Ihren weiteren Werdegang, was vielleicht Ihre (zukünftigen) Kinder? Erkennen Sie diese Wünsche zum Teil oben wieder, oder möchten Sie dort noch etwas ergänzen? Und: Spielt es für Ihre eigenen Ziele und Entscheidungen eine Rolle, was andere erwarten (könnten), oder eher nicht?

Wenn Sie die Antworten auf diese Fragen festgehalten haben, ist auf diese Art so etwas wie ein komplexes inneres Netzwerk entstanden, das Sie nun z. B. im Stil einer Mind Map weiter ordnen können. Wenn Sie mögen, geben Sie den verschiedenen Tendenzen oder Teammitgliedern Namen (z. B. der/die Karrierist/in, Kreative, sozial Engagierte, das Leistungstier, Weltenbummler/in, mein Wissensdurst, Sicherheitsfreak, …). Stellen Sie sich diese vielleicht, wenn es passt, bildhaft oder mit einem Symbol vor (z. B. Dollarnoten oder Hängematte, Rucksack oder Haus, als Tier,…) und benennen Sie in prägnanten Stichworten ein oder mehrere Ziele für jedes Teammitglied.

Überlegen Sie nun, wer vielleicht einmal miteinander in Verhandlung treten sollte. Wo müssen Kompromisse ausdiskutiert werden? Wer würde bei einer wichtigen Entscheidung zusammenhalten? Wer könnte Bedingungen stellen?

Box 3.1 Reflexion zu eigenen Zielen und Gedanken zu Berufseinstieg, -aufstieg oder -umstieg

inneren Tendenzen nicht bewusst ist, läuft Gefahr, nach außen widersprüchlich zu kommunizieren. Schlimmstenfalls vertut man damit wirklich interessante Chancen, weil man einen diffusen Eindruck hinterlässt und eine entsprechend ungünstige Reputation erzeugt.

Beispiel

Einmal angenommen, es steht die Idee eines Auslandsjahres im Raum. Einerseits finden Sie es spannend, noch mal etwas ganz anderes zu sehen, neue Eindrücke und Einsichten zu gewinnen, neue Menschen kennenzulernen. Lebenslauf und Sprachkenntnisse ließen sich auf diese Weise gut aufpolieren. Aber Ihr Partner oder Ihre Partnerin wäre wahrscheinlich weniger begeistert oder gar tief beleidigt, wenn Sie das jetzt einfach täten. Finanziell würden Sie eher drauflegen als profitieren – und was käme danach, wenn Sie hier alles aufgegeben hätten, die Wohnung, den jetzigen Job…? Wenn all diese spontanen Gedanken des neugierigen Weltenbummlers, des Ehrgeizigen, des Liebenden, des Ängstlichen und so weiter im Hintergrund ungeordnet umeinander kreiseln, wie reagieren Sie dann wohl auf ein konkretes Angebot für ein Auslandsjahr?

Unsere innere Vielfalt ist ein riesiger Schatz an Möglichkeiten, wenn wir richtig damit umzugehen wissen. Mit jedem Ihrer identifizierten inneren Teammitglieder gehen Einstellungen und Verhaltenstendenzen einher. Daher kann es bei unklaren Zielen oder in mehrdeutigen Situationen schnell dazu kommen, dass Sie widersprüchliche Signale senden. So strahlen Sie vielleicht beim Angebot des Auslandsjahres und sagen zugleich zögernd und mit leiser Stimme, Sie würden mal darüber nachdenken – oder Ihre Worte drücken Begeisterung aus, aber Ihre Mimik kommt quasi ins Stottern. Beides wirkt auf Ihr Gegenüber zu Recht, als wüssten Sie überhaupt nicht, was Sie wollen. Zukünftige Begegnungssituationen stehen dann unter keinem guten Stern.

Wer vorher innerlich schon mögliche Bedingungen oder Kompromisse „ausgehandelt" hat, wird deutlich klarer wissen und kommunizieren können, was er oder sie will und was nicht. Denn alle diese inneren Tendenzen sind ja echt und ein wichtiger Teil von Ihnen. Wenn einzelne dieser Tendenzen erst einmal ignoriert werden, sich aber später nach vorne drängen, geht das meist nach hinten los. Im Zweifelsfall erbitten Sie lieber Bedenkzeit, als sich vorschnell zu vergaloppieren.

Klarheit über die Vielfalt Ihres inneren Netzwerkes ist also Schritt eins. Um diese Vielfalt richtig nutzen zu können, braucht es noch einen zusätzlichen Schritt, der im folgenden Kapitel im Fokus steht.

3.3　Das innere Netzwerk aktiv steuern

Befunde aus der neueren sozialen Kognitionsforschung zeigen, dass auch scheinbar banale Reize zielangemessene Verhaltensmuster anbahnen können (Förster et al. 2007). Explizite Ziele haben nachweislich die Macht, zielführendes Handeln zu aktivieren und damit wahrscheinlicher zu machen. In diesem Zusammenhang umfasst Schulz von Thuns (1998) Metapher vom Inneren Team und – damit einhergehend – von der Inneren Führung, mehrere Aspekte: Oben wurde schon ausgeführt, dass Koordination wichtig ist, also eine Klärung von Prioritäten oder eine Verhandlung von Kompromissen zwischen den verschiedenen inneren Tendenzen. Manchmal sind zusätzlich eine gezielte Personalauswahl sowie Personalentwicklung gefordert.

Personalauswahl meint dabei, einzelne Facetten des eigenen inneren Netzwerks bedarfsgerecht zu aktivieren. Wie können Sie situationsgerecht die Regie übernehmen und aktiv einen passenden Part Ihrer selbst – mit all seinen besonderen Eigenschaften und Kompetenzen – auf die „Bühne" holen?

Beispiel

Wer redet am besten mit der Chefin über die Probleme im Projekt, wer mit Papa wegen des Autos und wer mit Alex wegen neulich? Wer bittet Lisa um Hilfe beim Renovieren, und wer macht dem Nachbarn deutlich, dass er bitte endlich sein Verhalten ändern soll? Vermutlich würden Sie in diesen Situationen gern unterschiedliche Mitglieder Ihres inneren Teams an die Front schicken, und zwar die, die jeweils besonders „fit" sind, genau diese Situation geschickt zu lösen.

In der Grundlagenforschung ist mittlerweile gut belegt, dass einfache Reize über neuronale Aktivierungsausbreitung damit verknüpfte Konzepte, Gefühle und sogar körperliche Reaktionen und Verhaltensweisen triggern können, und zwar ohne, dass dies von der Person beabsichtigt oder ihr auch nur bewusst ist. Dieses sogenannte *Priming* (engl. für Anbahnung) kann beispielsweise dazu führen, dass man spontan leiser spricht, wenn man Bilder einer Bibliothek betrachtet und vorhat, später (!) dorthin zu gehen (Aarts und Dijksterhuis 2001a). Auch werden offenbar bei der Aktivierung räumlicher Ziele (z. B. Uni, Einkaufszentrum) diejenigen Transportmittel mitaktiviert, die man üblicherweise nutzt, um dort hin zu kommen (z. B. Fahrrad; Aarts und Dijksterhuis 2001b). Ähnlich führt das grammatikalische Ordnen einfacher Sätze zum Konzept Hilfsbereitschaft dazu, dass der Leiterin der Studie anschließend eher geholfen wird, Gegenstände aufzuheben, die sie gerade scheinbar zufällig hat fallen lassen (Macrae und Johnston 1998). Die rein mentale Beschäftigung mit bestimmten Themen oder Zielen aktiviert also automatisch damit verbundene, konkrete Verhaltensmuster (für einen Überblick, s. Bargh et al. 2012). Es ist daher aus kognitionspsychologischer Sicht sinnvoll, sich seine Ziele gegenwärtig zu halten, da sie offenbar unbewusst unser spontanes Verhalten mitsteuern.

In ähnlicher Weise kann das Beobachten eines bestimmten Verhaltens bei anderen bewirken, dass man dieses Verhalten spontan nachahmt (Chartrand und Bargh 1999). So kennen wir alle den Effekt, dass Gähnen ansteckend sein kann, ebenso Lachen. Seit der Entdeckung der Spiegelneuronen liegt auch auf neuronaler Ebene der Nachweis dafür vor, dass die Beobachtung einer bestimmten Handlung bei einem Gegenüber (z. B. eine Banane schälen) zur Aktivierung der gleichen Hirnareale im prämotorischen Kortex führt, wie die Ausführung dieser Handlung. Wenn die reine Beobachtung also zugleich die entsprechende eigene motorische Umsetzung aktiviert, wird die Handlung vorbereitet und so erleichtert. Dies erhöht die Wahrscheinlichkeit der tatsächlichen Ausführung, was Ansteckungseffekte beim Gähnen, Lachen oder z. B. auch in der spontanen Nachahmung von Körperhaltung, Tonfall oder Mimik eines Gegenübers im Gespräch erklärt. Natürliches „Spiegeln" erhöht nachweislich die wahrgenommene Nähe und Sympathie in persönlichen Beziehungen (z. B. Lakin und Chartrand 2003). Damit erleichtern uns die Spiegelneuronen, mit anderen gut in Kontakt zu kommen und uns zum Beispiel an die Normen und Gepflogenheiten einer Gruppe anzupassen. Dies fördert zugleich den Gruppenzusammenhalt (Preston und De Waal 2002), was im Laufe unserer Entwicklungsgeschichte oft überlebenswichtig war.

Mit Blick auf soziale Fertigkeit und angewandte Netzwerkfähigkeit sind in diesem Zusammenhang drei zentrale Punkte festzuhalten:

- Die eigenen Ziele und dafür bedeutsame Facetten der eigenen Persönlichkeit mental präsent zu halten, aktiviert automatisch Verhaltensmuster, die zu diesen Zielen passen. Damit steigt die Wahrscheinlichkeit, zielführende Handlungen auszuführen. Nicht hilfreich ist es, oft daran zu denken, was man *nicht* tun wollte, da dieses Verhalten dann ironischerweise ebenfalls gebahnt wird.
- Wir neigen natürlicherweise zur spontanen Nachahmung anderer, was Sympathien weckt und Nähe schaffen kann, sofern es nicht aufdringlich praktiziert wird. Sich in Mimik, Gestik und Sprache sensibel auf ein Gegenüber „einzuschwingen", ist eine ganz wichtige Facette sozialer Kompetenz.
- Nicht zuletzt scheint es daher auch eine gute Idee zu sein, sich an sozial kompetenten Menschen zu orientieren. Deren Gesellschaft ist nicht nur per se

angenehm, sondern ermöglicht uns auch wertvolle Gelegenheiten zum Beobachtungslernen (Bandura 1977a). Wenn wir zur spontanen Nachahmung neigen und in unserem Verhalten mehr oder weniger mit anderen konvergieren, kann uns kaum Besseres passieren, als gute Vorbilder um uns zu haben. Vielleicht dürfen wir auch gelegentlich Modell für andere sein – leben Sie Kollegen vor, was Sie sich von ihnen wünschen.

Neben konkreten Interaktionspartnern können auch äußere, scheinbar beiläufige Wahrnehmungen unterschiedlichster Art Konzepte aktivieren, die dann spontane Urteile oder Verhalten beeinflussen. So beeinflusst zum Beispiel die Empfindung von Wärme vs. Kühle, manipuliert durch das Halten eines Kaffeebechers vs. Kaltgetränks oder durch die Raumtemperatur, Urteile über Sympathie und die allgemein empfundene Nähe zu anderen (Ijzerman und Semin 2010). Mächtig ist auch das Priming von biografischen Erinnerungen und damit verbundenen emotionalen Reaktionen über den Geruchssinn. Da unsere chemischen Sinne evolutionär besonders alt sind, lösen sie unter Umgehung höherer Hirnstrukturen Effekte besonders unvermittelt aus. Zur Wahrnehmung gehören aber nicht nur äußere Reize, sondern auch die sogenannte Propriozeption, also die Wahrnehmung der eigenen Körperhaltung oder Mimik. Insgesamt liegt eine Vielzahl von Forschungsarbeiten dazu vor, dass Bewegungen, Körperhaltungen und Gesichtsausdrücke bedeutsame Rückkopplungseffekte auf Einstellungen und Gefühle haben (s. Förster und Friedman 2008).

Das mag nun einerseits den Eindruck vermitteln, wir wären Spielball zufälliger Stimulierung. Die gute Nachricht ist andererseits: Man kann sich genau darüber auch recht gut steuern, wenn man sich dies aktiv zunutze macht, um sich je nach Situationserfordernis bewusst in einen passenden Modus zu bringen. Vor diesem Hintergrund möchten wir Sie einladen, sich Ihr „Inneres Netzwerk" (s. Box 3.1) noch einmal zur Hand zu nehmen und sich Ihre Teammitglieder vor Ihr inneres Auge zu rufen (Box 3.2):

Weiterhin überlegen Sie bitte, wie Sie Ihre Teammitglieder stärken können, – vor allem die, die Sie für Ihre Ziele gut gebrauchen können, die aber noch ein wenig Potenzial nach oben haben: Wann und wo dürfen diese mal trainieren, ohne dass es gleich um alles geht? Wählen Sie sich spielerisch möglichst konkrete Situationen, in denen Sie „mentale Personalentwicklung" betreiben können. Probieren Sie sich aus. Lassen Sie in solchen Übungssettings z. B. mal Ihre innere Salonlöwin, den rationalen Zahlen-Daten-Fakten-Mann, die harte Verhandlerin, Ihre empathischen oder vorsichtigen Seiten nach vorne. Dann sind sie besser einsatzbereit, wenn es wirklich auf sie ankommt.

Anwendung: Das innere Netzwerk führen und lenken

Wer hat welche besonderen Stärken, die Ihnen beim beruflichen Networking und der Verwirklichung Ihrer Ziele hilfreich sein können? Wen können Sie wann gut im Team gebrauchen?

- Wer ist z. B. besonders seriös und vertrauenswürdig?
- Wer besonders charmant und gewinnend?
- Wer traut sich, auch einmal etwas zu riskieren?
- Wer schützt Ihre Interessen, z. B. nicht ausgenutzt werden, gesund bleiben, Zeit für Freunde, etc.?

Sie haben sich bereits einen guten Überblick über Ihre Mannschaft und die Stärken der jeweiligen Spieler/innen verschafft. Nun stellt sich die Frage, wer wann auf den Platz darf, wer wann auf der Bühne im Rampenlicht steht... die Frage der Personalauswahl: Wie können Sie das zu einer Situation passende Teammitglied im entscheidenden Augenblick nach vorne holen?

- Versetzen Sie sich der Reihe nach in den jeweiligen Modus hinein, indem Sie sich möglichst lebhaft jeweils an eine Situation erinnern, in der Sie so waren, so empfunden und sich so verhalten haben.

- Möglicherweise haben Sie bereits ein passendes Schlüsselwort oder Symbol gefunden. Wenn nicht, assoziieren Sie frei und akzeptieren Sie ruhig auch scheinbar klischeehafte Bilder (z. B. ein innerer Tiger, Krawatte & Aktenkoffer, Balu der Bär,...).

- Vielleicht ist auch die Vorstellung eines bestimmten Dufts, einer Handbewegung oder eines Songs eine gute Hilfe, um in den richtigen Modus zu kommen?

- Gibt es in Ihrer Umgebung Menschen, die manchmal diesen Modus in Ihnen triggern?

Box 3.2 Reflexion Innere Führung als aktive und kontextsensitive Steuerung innerer Anteile

Noch einmal: Es geht hier überhaupt nicht darum, zu schauspielern. Sie, als *eine* Person, sind all das, was Sie in Ihrem inneren Netzwerk an Möglichkeiten entdeckt haben. Auch Ihre Ziele, Ihre Ideen dazu, wo und wie Sie gut in Ihrem Element sein können, basieren zumindest teilweise auf realen eigenen Erfahrungen, in denen Sie das schon einmal erlebt haben. Sie tragen also alles Wesentliche in sich und haben Ideen dazu entwickelt, wie Sie es aktivieren können. Der nächste Schritt ist, dieses innere Potenzial in konkreten sozialen Kommunikationssituationen, zum Beispiel mit Blick auf Networking anzuwenden.

Angewandtes Netzwerken

4

Wir verstehen unter Networking strategisch geplante und ungeplante Verhaltensweisen zum Aufbau, zur Aufrechterhaltung sowie zur Nutzung eines (informellen) Unterstützungsnetzwerks im beruflichen Kontext. Das Netzwerk als Ergebnis von proaktivem Networking dient der Bereitstellung von materiellen wie sozialen Ressourcen, durch die eigene (berufliche) Ziele leichter erreicht und (berufliche) Aufgaben mit geringerem Aufwand bewältigt werden können. Zu erwarten ist somit ein gesteigerter sozialer oder konkreter Karriereerfolg (vgl. Wolff und Moser 2006). Wir möchten dazu anregen, wie Bonobo und Schimpanse für die beruflichen Ziele ein Unterstützernetzwerk aufzubauen, zu pflegen und bei Bedarf auf die dort vorhandenen Ressourcen zurückzugreifen. Wie bereits dargestellt, sind solche Verhaltensweisen trainierbar. Auf den folgenden Seiten sollen die bisher dargestellten Inhalte nun konkret auf Networkingverhalten angewendet werden. Dafür wird im Kap. 4.1 zunächst ein etabliertes Phasenmodell des Networking beschrieben, in den nachfolgenden Kapiteln werden einzelne konkrete Verhaltensmöglichkeiten zur Umsetzung vorgeschlagen.

4.1 Networking konkret: Phasen des Networking und Inventur

Nach Wolff und Moser (2006) lassen sich drei Phasen des Networkings unterscheiden:

- *Aufbau:* Bevor auf Ressourcen des eigenen berufsrelevanten Netzwerkes zurückgegriffen werden kann, müssen soziale Kontakte zunächst geknüpft werden. Hierfür geben Wolff und Moser in ihrer 2006 veröffentlichten Networkingskala

© Springer Fachmedien Wiesbaden 2017
K. Mierke und D.-N. Gansen-Ammann, *Networking-Kompetenz im Job,*
essentials, DOI 10.1007/978-3-658-15240-6_4

Beispiele: „Wenn mir unbekannte Kollegen an offiziellen Treffen teilnehmen, stelle ich mich ihnen vorher bzw. nachher persönlich vor" oder „Im Betrieb spreche ich Personen, die ich bisher nur vom Sehen her kenne, einfach an" (S. 178).

- *Pflege:* Die Pflege dient der Aufrechterhaltung von Netzwerken und kann als strategisch und kurzfristig geplante *oder* als lebenslange Aufgabe betrachtet werden. Sie macht die Investition von eigenen Ressourcen notwendig, um in den Augen der Interaktionspartner als wertvoll und belohnend (Kap. 2.2, 4.3) wahrgenommen zu werden. Beispiele aus Wolff und Moser (2006) lauten hier: „Wenn ein Kollege aus einer anderen Abteilung mich um Hilfe bei einem beruflichen Problem bittet, helfe ich ihm weiter, auch wenn es eigentlich nicht meine Aufgabe ist" oder „Ich informiere mich darüber, woran Kollegen aus anderen Abteilungen gerade arbeiten" (S. 178).

- *Nutzung:* Folglich braucht es einigen Vorlauf an Zeit und Investitionen, bevor die Ressourcen, Stärken und Potenziale des Netzwerks für die eigene Zielerreichung sozial verträglich in Anspruch genommen werden können. Dieses bietet dann aber – wie bei Bonobos und Schimpansen – wertvollen Rückhalt für eigene Vorhaben oder zu bewältigende Aufgaben. Beispiele aus Wolff und Moser (2006) lauten hier: „Wenn Anweisungen oder offizielle Papiere undurchsichtig formuliert sind, frage ich Kollegen, wie sie zu verstehen sind" oder „Ich bitte Kollegen aus anderen Abteilungen, sich für mich nach Informationen umzuhören" (S. 179).

Die beispielhaft aufgeführten Verhaltensweisen können sich auf unterschiedliche Zielpersonen/-gruppen beziehen und sind in unterschiedlichen Kontexten anschlussfähig. Die konkrete Realisierung des Verhaltens hängt von den eigenen beruflichen Zielen ab (Kap. 3.2) und erfordert die Analyse des bisherigen Netzwerks, d. h. die Analyse der Mitglieder, der Beziehungen zu diesen sowie der notwendigen Verhaltensweisen zur Zielerreichung. Gegebenenfalls sind die endgültigen beruflichen Ziele oder Aufgaben auch in Teilziele/-aufgaben zu zerlegen (z. B. erfordert das Endziel „Beförderung" möglicherweise die Zerlegung in „Akquisition eines neuen und gewinnträchtigen Projekts", „Terminvereinbarung zu einem persönlichen Gespräch mit dem Chef" etc.), die dann in ihrer Wichtigkeit und Dringlichkeit zu priorisieren sind.

Relevante Gruppen und Zielpersonen können im Hinblick auf den in unseren Workshops thematisierten Berufseinstieg nach dem Studienabschluss sein:

- Freunde, Kommilitonen, Alumni, Dozenten
- Familienmitglieder

> **Anwendung: Wer gehört zu meinem Netzwerk?**
>
> Überlegen Sie einmal, welche Personen bereits zu Ihrem Netzwerk gehören. Hierbei kann man beim „inneren Kreis" starten. Dies sind Menschen (vielleicht auch nur ein oder zwei), auf die man sich nach eigener Einschätzung wirklich immer verlassen kann. Im nächsten Schritt überlegen Sie, welche Personen noch Anteil an Ihrem Leben nehmen (und umgekehrt!), wen Sie häufig treffen und wem Sie vertrauen. In einem dritten Schritt folgt der weitere Freundeskreis oder auch Verwandte, mit denen Sie regelmäßig in Kontakt stehen, bis hin zum aktiven äußeren Netzwerk von entfernteren Freunden, Verwandten, Nachbarn oder Arbeitskollegen, die einem noch mit Namen bekannt sind. Wenn Sie mögen, listen oder zeichnen Sie einmal Ihre „Kreise" und füllen Sie sie mit Inhalt, um einen Überblick über Ihr potenzielles Netzwerk zu gewinnen.

Box 4.1 Inventur des eigenen Netzwerks

- Freizeit (z. B. Interessengruppen, Sportvereine, Ehrenämter)
- Spezielle Gruppen (z. B. Schwule/Lesben, Zuwanderer, Karneval)
- (ehemalige) Praktikumsgeber, Werkstudenten-Arbeitgeber

An dieser Stelle laden wir Sie unter Rückbezug auf Ihre vorher formulierten beruflichen Ziele, inneren Tendenzen und Teammitglieder zu einer spontanen Analyse Ihres engeren und weiteren Bekannten-Netzwerks ein. Wir gehen in Anlehnung an Dunbar (2014) davon aus, dass Menschen ca. 23 h pro Woche in ihre Beziehungspflege investieren, wobei ca. 40 % auf den engeren Freundeskreis und ca. 60 % auf weitere Bekannte entfallen. Zur Erleichterung der Analyse der eigenen Kontaktkreise bietet sich ein grobes Orientierungsschema (nach Dunbar 2014) an, das in Box 4.1 beschrieben ist.

4.2 Das eigene Netzwerk ausbauen und aktivieren

Nachdem Sie sich eine genauere Vorstellung von den Mitgliedern Ihres Netzwerks und den dazugehörenden Beziehungen erarbeitet haben, gilt es nun, das zielführende Networking-Verhalten zu planen und zu konkretisieren. Hierbei kann die Reflexion der Fragen und Anregungen in Box 4.2 hilfreich sein. Wir empfehlen, konkrete Networking-Verhaltensweisen zu notieren und das Zutrauen in die tatsächliche Umsetzbarkeit des notwendigen Verhaltens einzuschätzen. Diese sog. Selbstwirksamkeitserwartung (Bandura 1977b) kann dabei auf einer Skala von 0 bis 100 % skaliert werden, wobei 0 bedeuten würde „Das traue ich mir niemals zu" und 100 % die Zuversicht ausdrückt, das relevante Verhalten in jedem Fall gut umsetzen zu können. Weiterhin können Sie für jede konkrete Networking-Verhaltensweise Zweck und Zielgruppe definieren (Box 4.2).

<table>
<tr><td colspan="3">Anwendung: Networking-Verhalten planen</td></tr>
<tr><td colspan="3">

- Erinnern Sie sich nun an die wesentlichen (beruflichen) Ziele, die Sie sich bei der Lektüre dieses Buches bereits erarbeitet haben.
- Wie kann Ihnen ein Netzwerk dabei helfen, und was müssen Sie dafür tun?
- Welche Phase des Netzwerkens ist für Ihre Ziele relevant?
- Können Sie direkt profitieren, oder müssen Sie hier Vorbereitungen treffen?
- Welche Personen-/gruppen sind hier für Sie hilfreich?
- Notieren Sie zu jedem Ihrer Ziele, welche Networking-Verhaltensweisen zielführend sind, wie sehr Sie sich diese Verhaltensweisen zutrauen und welche Zwecke Sie damit bei welcher Zielperson/-gruppe verfolgen:

</td></tr>
<tr><td>Ziel</td><td>Networking-Verhaltensweisen (Aufbau, Pflege oder Nutzung?) und Zutrauen (0-100%)</td><td>Zweck (wozu bzw. inwiefern ist das hilfreich?) und Ziel(-gruppe)</td></tr>
<tr><td>Ziel 1:

Ziel 2:

…</td><td></td><td></td></tr>
</table>

Box 4.2 Reflexion des zielführenden Networking-Verhaltens

Kehren wir zurück zur Idee des Auslandsjahres. Nach Auswertung Ihrer inneren Fürsprecher und Gegenredner haben Sie sich dazu entschlossen, diese Chance zu ergreifen. Nun stehen verschiedene Aufgaben an, die wir zum Networking zählen: Gibt es in Ihrem Bekanntenkreis vielleicht jemanden, der oder die bereits so ein Auslandsjahr absolviert hat? Können Sie diese Person kontaktieren und herausfinden, wie sie das Projekt finanziert hat? Gibt es weitere Anlaufstellen, z. B. den DAAD (Deutschen Akademischen Austauschdienst)? Oder verfügt die dortige Niederlassung Ihres Arbeitgebers über Unterstützungsangebote für Expatriates? Wer sonst könnte Ihnen vor Ort bei der Wohnungssuche oder einem Sprachkurs behilflich sein? Wie kommen Sie an die konkreten Informationen? Was ist dafür zu tun? Wie gut sind Sie in solchen Rechercheaufgaben? Kann Sie ein Freund/eine Freundin dabei unterstützen? Ihre Wohnung hier könnten Sie möglicherweise untervermieten; müssten Sie das mit Ihrem Vermieter klären? Wen kennen Sie, der Interesse hätte oder jemanden weiß, der eine Wohnung sucht? Ach ja, mit Ihrer Partnerin/Ihrem Partner müssten Sie darüber wohl auch noch sprechen…

Tauschen Sie sich doch ruhig einmal bei informellen Gelegenheiten mit Menschen aus, die ähnlich wie Sie vor der Herausforderung Berufseinstieg, nächster Karriereschritt oder auch berufliche Umorientierung stehen oder diese gerade gemeistert haben. Sammeln Sie auf diesem Weg weitere wertvolle Ideen zu möglichen Networking-Verhaltensweisen und steigern Sie über die soziale Rückkopplung zugleich das Zutrauen in Ihre eigene Kompetenz, diese auch umzusetzen.

4.3   Positiv-psychologisches Networking: Warum Grooming funktioniert

Unter Rückgriff auf den Bonobo möchten wir die Bedeutung sogenannter weicher Einflusstaktiken und Konfliktlösestrategien im sozialen Kontakt noch einmal herausstellen. Wie wirksam die zivilisierten Weiterentwicklungen des Grooming (z. B. Austausch von Komplimenten, freundlichen Gesten, kleinen Geschenken, gemeinsam Essen gehen etc.) sind, um in Gruppen das Gesamtklima sowie den eigenen sozialen Status positiv zu beeinflussen, zeigen neuere Forschungsergebnisse aus der Positiven Psychologie. Diese stellen damit eine ganz konkrete Umsetzung von effektivem Verhalten zum Aufbau und der Pflege von Netzwerken dar.

Barbara Fredrickson (2013) hat in ihrem *Broaden-and-Build*-Modell eindrucksvoll eine Vielzahl an empirischen Befunden integriert, die die dynamische Wechselwirkung zwischen inneren Zuständen und äußeren Anregungs- und Entfaltungsbedingungen illustrieren. So rufen positive Gefühle nachweislich einen mentalen Zustand von Weite und Offenheit gegenüber Neuem hervor, der Kreativität und wahrgenommenen Handlungsspielraum fördert. Mit dem weiteren Aufmerksamkeitsfokus einhergehend steigen auch Neugierde, Erkundungs- und Risikobereitschaft. Chancen und Herausforderungen werden damit insgesamt eher wahrgenommen, eher aufgesucht und – dank eines breiteren mentalen Suchraums für mögliche Lösungen – auch eher bewältigt. Negative Emotionen gehen demgegenüber mit einem eher verengten Wahrnehmungs- und Aufmerksamkeitsmodus und einer Tendenz zu bewahrenden, risikomeidenden oder auch aggressiven Bewältigungsstrategien einher.

Da sich zudem bei positiver Grundstimmung die Kontaktgestaltung in Interaktionen öffnet, werden mehr Beziehungen aufgebaut. Diese leisten wiederum potenziell soziale Unterstützung und können so ebenfalls die Erfolgswahrscheinlichkeit in schwierigen Situationen steigern. Gelingt die Bewältigung herausfordernder Aufgaben, entstehen Freude, Stolz, ein Gefühl von Handhabbarkeit,

Selbstwirksamkeit und Kontrolle und andere positive Emotionen. Diese wirken wiederum in die nächste Situation hinein, sodass im Sinne einer selbsterfüllenden Prophezeiung durch positive Ausgangsstimmung reale Ressourcen aufgebaut werden, die weitere positive Erfahrungen ermöglichen. Positive Emotionen senken zudem nachweislich das Niveau des Stresshormons Cortisol und wirken sich auch in experimentellen Längsschnittstudien positiv auf physiologische Indikatoren für Gesundheit und Wohlbefinden aus (Kok et al. 2013).

Interessanterweise gelten diese Zusammenhänge offenbar nicht nur auf individueller, sondern auch auf Gruppenebene. Losada (1999, s. a. Fredrickson und Losada 2005) hat hierzu bemerkenswerte Untersuchungen zum Zusammenhang von Kommunikationsmustern und der Krisenfestigkeit von Teams vorgelegt. Er untersuchte wörtliche Gesprächsprotokolle aus 60 Teammeetings mit jeweils acht Mitgliedern. Alle Äußerungen wurden nach einem festgelegten Schema entlang dreier bipolarer Dimensionen codiert:

- *Positivität vs. Negativität* Bildet eine Äußerung Unterstützung, Ermutigung, oder Wertschätzung ab, oder transportiert sie Unmut, Sarkasmus oder Zynismus gegenüber den Vorschlägen und Einschätzungen anderer Teammitglieder?
- *Erkundung vs. Verteidigung* Wird rückgefragt oder werden weitere Informationen erbeten, um den Standpunkt anderer besser verstehen und nachvollziehen zu können, oder wird vor allem der eigene Standpunkt vertreten und argumentativ verteidigt?
- *Selbst- vs. Außenbezug* Hat die ausgetauschte Information vorrangig das eigene System zum Inhalt, oder wird auch der Kontext einbezogen, also zum Bespiel Marktentwicklungen, Kunden, Zulieferer oder Wettbewerber?

Im Rahmen der Analysen ergab sich die sogenannte *Losada-Rate* von 2.9 zu 1: Teams, bei denen auf eine kritische Aussage in etwa drei positive, wertschätzende Äußerungen kamen, hatten nicht nur ein deutlich besseres Team-Klima, sondern entwickelten angesichts schwieriger Situationen eine größere Bandbreite kreativer Problemlösungen. Vor allem waren sie objektiv am erfolgreichsten, gemessen an harten Daten wie Profitabilität, Kundenzufriedenheit und den Ergebnissen ihrer 360-Grad-Beurteilung. Die Kommunikation dieser *High Performance Teams* war zudem typischerweise gekennzeichnet durch ein ausgewogenes Verhältnis von Erkundung der Standpunkte anderer gegenüber der Verteidigung der eigenen Position, sowie durch ein ausgewogenes Verhältnis von Selbst- zu Außenbezug im Informationsaustausch. Teams, deren Positivitätsrate unter dem Verhältnis 2.9 zu 1 lag, verloren gerade in schwierigen Zeiten ihre Flexibilität, zeigten wenig

Bereitschaft, festgefahrene Wege zu verlassen und scheiterten am Krisenmanagement. Ihre Kommunikation war zudem typischerweise gekennzeichnet von einem starken Übergewicht an Verteidigung und an Selbstbezug.

Zentraler Prädiktor für die Krisenresilienz eines Teams ist eine hohe Positivitätsrate von mindestens 2.9 zu 1 – die meisten *High Performance Teams* wiesen gar ein Verhältnis von etwa 5 zu 1 positiven Äußerungen auf. Gemäß den mathematischen Modellierungen von Losada (1999) kippen Systeme allerdings bei einer Positivitätsrate von über elf – ein Mindestmaß an kritischen Äußerungen ist also durchaus „gesund".

Insgesamt lässt sich festhalten, dass bereits einige wenige wertschätzende Äußerungen oder Komplimente weitreichende Effekte haben dürften, da sie beim Gegenüber für positive Emotionen sorgen – was eine positive Aufwärtsspirale sowohl auf kognitiver wie auf Beziehungsebene anregen kann.

4.4 Wenn positiv sein eine Herausforderung ist

Positivität in der Interaktion spielt also offenbar eine besondere Rolle, wenn es um die komplexe Dynamik von Zuständen in sozialen Systemen geht. Diese Beobachtung deckt sich mit den Beobachtungen zum Sozialverhalten der Bonobos, wo aufkeimende Konflikte nicht durch Imponiergehabe oder Kampf gelöst werden, sondern Einzelne durch wechselseitiges Grooming aktiv ein positives Gruppenklima gestalten. Auch wenn wir naheliegender Weise nicht empfehlen möchten, dass man den Kollegen öfter mal den Nacken krault, lässt sich leicht die Verbindung zu Freundlichkeit, Respekt und Komplimenten als einer Form von zivilisiertem und arbeitsplatzkonformem Grooming herstellen, das sich beim Aufbau und der Pflege von Netzwerken umsetzen lässt.

Allerdings kann man sich seine Kollegen und Vorgesetzten nicht immer aussuchen und findet zuweilen kaum authentische Komplimente, mit denen man zu einem positiven Klima beitragen könnte. Das gilt nicht nur für Vorgesetzte und Kollegen, sondern analog für alle Menschen, von denen Sie vielleicht im Laufe der bisherigen Überlegungen festgestellt haben, dass sie für Ihren beruflichen Einstieg oder eine mögliche Umorientierung hilfreich sein könnten. Viele sind sympathisch, aber nicht alle. Was also könnte Grooming erleichtern, wenn einem auf den ersten Blick so gar nichts Nettes zu jemandem einfällt? Dieser Herausforderung können Sie sich – wenn Sie mögen – einmal anhand der Anwendungsübung in Box 4.3 stellen:

Anwendung: Komplimente für Fortgeschrittene

Sie wollen, dass andere sich in Ihrer Gegenwart wohlfühlen. Dafür ist es zielführend, wenn es gelingt, in Ihrer Kommunikation eine hohe Positivitätsrate im Sinne Losadas (1999) zu erreichen.

1. Denken Sie zunächst an einen Menschen, den Sie gern mögen und an dem Ihnen vieles gefällt. Notieren Sie sich den Namen. Was genau mögen Sie, welche Komplimente würden Sie dieser Person gern einmal machen? Formulieren Sie Stichworte, gern auch (Halb-)Sätze, die Sie sagen könnten.

2. Nun denken Sie bitte an eine Person, der Sie eher neutral gegenüberstehen. Dies kann ein Nachbar, (ehemaliger) Kollege, oder auch ein Familienmitglied sein. Notieren Sie den Namen. Auch wenn Sie sich nicht nahestehen, gibt es sicher etwas, was Sie dieser Person einmal an positiver Rückmeldung geben könnten und vielleicht sogar möchten. Notieren Sie mögliche Komplimente.

3. Nun denken Sie bitte an eine Person, mit der Sie weniger gut auskommen. Es gibt Eigenschaften oder Verhaltensweisen, die Sie wirklich stören. Notieren Sie diese auf einem Blatt (z. B. „kleinkariert"). Überlegen Sie nun: Wozu ist es eventuell gut, dass die Person so ist? Wann ist das vielleicht sogar nützlich oder wertvoll? Wie würde sich die Person wohl selbst beschreiben, oder jemand, der die Person mag (z. B. „gewissenhaft", „Liebe zum Detail" oder „gründlich")? Versuchen Sie so, auch für diesen Menschen einige Komplimente zu finden.

Box 4.3 Komplimente machen und Reframing

Dieses sogenannte Reframing (von Schlippe und Schweitzer 2012), also der Versuch, Altbekanntes aus einer neuen Perspektive zu sehen und so gewissermaßen neu zu rahmen, hat zum Ziel, Bewertungen durchlässiger zu machen. So kann man effektiv den subjektiven Spielraum in der Wahrnehmung von und die Kommunikation mit anderen erweitern. Ein frischer, vielleicht auch humorvoller Blick auf die vermeintlichen Schwächen anderer löst und flexibilisiert persönliche Bewertungs- und Denkmuster.

4.5 Sich selbst im Rahmen von Networking angemessen „Be-Werben"

Über andere etwas Positives zu sagen kann also gelingen, selbst wenn man diese nicht besonders mag. Sich selbst hingegen hemmungslos positiv zu beschreiben, ist etwas, das aufgrund von kulturellen Bescheidenheitsnormen als unangemessen gilt und daher manchen Menschen schwerfällt. Als Berufseinsteiger wie in Phasen beruflicher Weiterentwicklung ist man aber in aller Regel darauf angewiesen, sich im wahrsten Sinne des Wortes zu be-werben.

Eine hierfür extrem hilfreiche Networking-Übung stellt der Elevator Pitch (De Janasz und Forret 2008; Haas 2014) dar. Im Berufsleben kommt es immer wieder vor, dass man sich von einer Sekunde auf die nächste in einer Situation befindet, die für das eigene berufliche Fortkommen entscheidend sein kann. In solchen Situationen trifft man z. B. unvermittelt auf Personen, die über Einfluss, Kontakte oder Informationen verfügen, die für einen selbst von hoher Wichtigkeit sein könnten. Es ist daher empfehlenswert, auf solche oft unvorhersehbaren Ereignisse vorbereitet zu sein. Die folgende Übung kann Ihnen dabei helfen, indem Sie an Ihrer Selbstdarstellung gegenüber anderen arbeiten. Sie besteht darin, in 30 Sekunden das Wichtigste über sich so zu formulieren, dass man in einem Erstkontakt (z. B. Fahrstuhlfahrt) Interesse weckt.

Da die Formulierung einer positiven Beschreibung der eigenen Kenntnisse, Fertigkeiten und Erfahrungen erfahrungsgemäß von vielen Menschen als schwierig empfunden wird, bieten wir hierzu eine kleine Vorbereitung an. Die Idee basiert darauf, dass zwar Eigenlob stinkt, eine positive „Fremdbeschreibung" aber nicht. Erneut machen wir uns also einen Perspektivwechsel zunutze, um neue Beschreibungen zu ermöglichen, hier eine positive Selbstbeschreibung. Wenn Sie dies für sich nutzen möchten, lesen Sie sich den folgenden Text in Box 4.4 nun in Ruhe durch.

Machen Sie sich ruhig dazu einige Notizen. Dann stellen Sie sich folgendes Szenario vor: Sie haben die Chance, sich selbst einer für Ihre beruflichen Ziele

---

Anwendung: Wie würden mich andere be-werben?

Denken Sie an einen Menschen, von dem Sie wissen, dass er an Sie glaubt, Sie schätzt. Das kann ein guter Freund sein, eine gute Freundin, Ihr Chef oder Ihre Chefin, ein Elternteil, (ehemalige) Kommilitonen, Ihre Partnerin oder Ihr Partner, jemand, mit dem Sie zusammenarbeiten, vielleicht auch ein früherer Lehrer oder eine Dozentin.

Diese Person sieht Sie so, wie Sie im Sinne eines erfolgreichen Berufseinstiegs bzw. Ihres nächsten beruflichen Entwicklungsschrittes gern gesehen werden wollen. Diese Person sieht all Ihre Stärken, weiß um Ihre Begeisterung für bestimmte Themen, Ihre Fähigkeiten und Ihre Erfahrungen. Diese Person ist fest davon überzeugt, dass Sie schaffen werden, was Sie sich wünschen. Stellen Sie sich vor, diese Person wäre jetzt hier im Raum. Vielleicht steht sie hinter Ihnen, vielleicht können Sie sogar ihre Wärme spüren, oder spüren, wie sie Sie leicht berührt.

Angenommen, wir würden diese Person bitten, Sie zu beschreiben, mit all Ihren Stärken, Ihrer Begeisterung, Ihren Fähigkeiten, Eigenschaften und Erfahrungen. Was würde sie uns wohl über Sie sagen? Was wäre der Person noch wichtig, dass wir es über Sie wissen? Und was noch?

Box 4.4 Vorbereitung auf den Elevator Pitch

wichtigen Person im Lift zwischen Erdgeschoss und 18. Stockwerk vorzustellen. Das dauert etwa 30 Sekunden. Sie beide sind allein, die Person kann ihnen nicht ausweichen und hat gerade ohnehin nichts Besseres zu tun, als Ihnen zuzuhören. Sie erkennen Ihr Gegenüber beispielsweise beim Betreten des Fahrstuhls als Leiter/in eines für Sie interessanten Projekts/Unternehmens/weiterführenden Studiengangs/…, Sie wissen, dass er oder sie Ihnen eine attraktive Chance vermitteln könnte. Wie gesagt, Sie beide sind allein und er oder sie muss Ihnen zuhören (s. Box 4.5):

In unseren Workshops bitten wir die Teilnehmerinnen und Teilnehmer nun, sich jeweils zu zweit zusammen zu finden und ihre Selbstbeschreibungen zu proben. Einer misst die Zeit, während der oder die andere sich anhand der erarbeiteten Selbstbeschreibung vorstellt und dabei möglichst in normaler Geschwindigkeit spricht und sich auch nonverbal so verhält, wie man sich in einer berufsrelevanten Situation verhalten würde. Anschließend gibt das Gegenüber ein Feedback, das sich auf Gelungenes wie auf eventuelle Optimierungspotenziale im Inhalt der Selbstdarstellung, aber auch auf Aspekte wie Stimmlage, Intonation, Körperhaltung oder Mimik beziehen kann. Anschließend kann die Selbstbeschreibung überarbeitet und erneut im Rollenspiel erprobt werden. Danach werden die Rollen gewechselt. Auch hier gilt: Wenn Sie sich ernsthaft mit dem Thema Berufseinstieg, -aufstieg oder Umorientierung befassen, nutzen Sie mögliche Gelegenheiten, solche Situationen zu Üben und von der Rückmeldung anderer zu profitieren.

Anwendung: Elevator Pitch

Schreiben Sie die Kernpunkte Ihrer Selbstdarstellung kurz auf. Die Beschreibung sollte folgende Punkte enthalten:

• Wie nehmen Sie Kontakt auf (1-2 Sätze als Einstieg)?

• Was brauchen oder suchen Sie? Wobei kann man Ihnen behilflich sein? Wie drückt man das am besten aus? Testen Sie unterschiedliche Formulierungen und deren Wirkung.

• Was haben Sie zu bieten – jenseits der Punkte, die dank entsprechender Ratgeber in allen Bewerbungsunterlagen zu finden und damit langweilig sind?

• Welche zwei oder drei wesentlichen Fähigkeiten und Kompetenzen zeichnen Sie aus? Geben Sie dazu konkrete und anschauliche Beispiele, die Ihre Erfahrung belegen.

Notieren Sie Ihre Selbstbeschreibung stichwortartig oder – besser noch – einmal ausformuliert.

Box 4.5 Elevator Pitch

Angenommen, Ihr Elevator Pitch war erfolgreich – Sie verlassen den Lift mit einer Visitenkarte und der freundlichen Einladung, Ihren Gesprächspartner in der Angelegenheit zu kontaktieren. Wie viel Zeit lassen Sie verstreichen, sodass Sie nicht aufdringlich oder verzweifelt wirken, aber dennoch noch gut im Gedächtnis sind? Welcher Kommunikationskanal erscheint Ihnen geeignet, welcher eventuell weniger? Wie gestalten Sie die Kontaktaufnahme freundlich und zugleich verbindlich? Die Antwort auf diese Art von Fragen lautet „Es kommt drauf an". Insofern beziehen Sie gern die Rahmenbedingungen mit ein und überlegen Sie, unter welchen konkreten Umständen welche Kommunikationsformen passend sind und zum Ziel führen, und wann was nicht geht. Auch hier kann es hilfreich sein, sich vor einem Telefonat in den richtigen Modus zu bringen (s. Box 3.3), sich mit Kommilitonen oder Kollegen auszutauschen und eine E-Mail oder sonstige Nachricht vielleicht vor dem Abschicken von jemandem auf deren Wirkung hin gegenlesen zu lassen.

4.6   Ihr persönlicher Ausblick

Nehmen Sie sich zum Abschluss ein wenig Zeit, ganz konkret zu überlegen, welche nächsten Schritte Sie in den kommenden Wochen unternehmen möchten, um Ihren persönlichen Zielen näher zu kommen.

- Vergegenwärtigen Sie sich Ihre Ideen im Zusammenhang mit dem bevorstehenden Berufseinstieg, einem möglichen nächsten Karriereschritt oder einer allgemeinen beruflichen Veränderung und Umorientierung.
- Vergegenwärtigen Sie sich, wo Ihre Stärken liegen. Was genau bedarf es, damit Sie in Ihrem Element sind? Wo könnten Sie das finden, oder wie sich mehr davon verschaffen?
- Vergegenwärtigen Sie sich Ihr reales soziales Netzwerk, Ihre vorhandenen Kontakte in verschiedenen Bereichen. Wer davon könnte hilfreich sein und wird auch gern helfen?
- Welche weiteren Kontakte möchten Sie aufbauen oder (wieder) intensivieren?
- Was können Sie dafür ganz konkret morgen oder im Laufe dieser Woche tun, was im Laufe der nächsten ein bis zwei Monate?
- Was wären eventuelle Meilensteine für das kommende Jahr oder auch die kommenden drei Jahre?

Wenn Sie mögen, machen Sie sich hierzu Notizen. Noch besser: Verfassen Sie Kalendereinträge oder kurze Briefe an sich selbst, die Sie zu gegebener Zeit an Ihre nächsten Schritte bzw. an Ihre Meilensteine erinnern. Möglicherweise haben sich Ihre Ziele dann bis dahin geändert. Auch das kann interessant sein. So gerät Ihnen aber zumindest die Zielorientierung als solche nicht aus dem Blick. Und soziale Kontakte auszubauen und nach Bonobo-Art zu pflegen, sollte in jedem Fall positive Effekte mit sich bringen, ob für Beruf und Karriere oder darüber hinaus.

Was Sie aus diesem *essential* mitnehmen können

- Warum soziale Kompetenz und Networking für beruflichen Erfolg essenziell sind
- Wie Sie Ihre persönlichen beruflichen Ziele auf den Punkt bringen und strukturieren
- Wie Sie Ihre inneren Stärken zur Erreichung dieser Ziele situationsgerecht aktivieren
- Wie Sie anderen auf sympathische Art kommunizieren wer Sie sind, was Sie können und was Sie wollen
- Wie Sie soziale Kontakte erfolgreich aufbauen, pflegen und nutzen und so Ihre Chancen auf attraktive berufliche Entwicklungsmöglichkeiten steigern

© Springer Fachmedien Wiesbaden 2017
K. Mierke und D.-N. Gansen-Ammann, *Networking-Kompetenz im Job*,
essentials, DOI 10.1007/978-3-658-15240-6

Literatur

Aarts, H., & Dijksterhuis, A. P. (2000a). Habits as knowledge structures: Automaticity in goal-directed behavior. *Journal of Personality and Social Psychology, 78,* 53–63.

Aarts, H., & Dijksterhuis, A. P. (2000b). The automatic activation of goal-directed behaviour: The case of travel habit. *Journal of Environmental Psychology, 20,* 75–82.

Bandura, A. (1977a). *Social learning theory.* NJ: Englewood Cliffs & Prentice Hall.

Bandura, A. (1977b). Self-efficacy: Toward a unifying theory of behavioral change. *Psychological Review, 84,* 191–215.

Bargh, J. A., Schwader, K. L., Hailey, S. E., Dyer, R. L., & Boothby, E. J. (2012). Automaticity in social-cognitive processes. *Trends in Cognitive Sciences, 16,* 593–605.

Baron, R. A., Byrne, D., & Branscombe, N. R. (2006). *Social psychology* (11. Aufl.). Boston: Pearson.

Bergman, J. Z., Westerman, J. W., & Daly, J. P. (2010). Narcissism in management education. *Academy of Management Learning & Education, 9,* 119–131.

Blass, F. R., Brouer, R. L., Perrewé, P. L., & Ferris, G. R. (2007). Politics understanding and networking ability as a function of mentoring. *Journal of Leadership and Organizational Studies, 14,* 93–105.

Blickle, G., & Solga, M. (2006). Einfluss, Konflikte, Mikropolitik. In H. Schuler (Hrsg.), *Lehrbuch der Personalpsychologie* (S. 611–650). Göttingen: Hogrefe.

Blickle, G., Fröhlich, J. K., Ehlert, S., Pirner, K., Dietl, E., Hanes, T. J., & Ferris, G. R. (2011). Socioanalytic theory and work behavior: Roles of work values and political skill in job performance and promotability assessment. *Journal of Vocational Behavior, 78,* 136–148.

Blickle, G., John, J., Ferris, G. R., Momm, T., Liu, Y., Haag, R., Meyer, G., Weber, K., & Oerder, K. (2012). Fit of political skill to the work context: A two-study investigation. *Applied Psychology: An International Review, 61,* 295–322.

Brass, D. J., & Krackhardt, D. M. (2012). Power, politics, and social networks in organizations. In G. R. Ferris & D. C. Treadway (Hrsg.), *Politics in organizations. Theory and research considerations* (S. 355–375). New York: Routledge.

Bundesministerium für Bildung und Forschung. (2016). *Bericht der Bundesregierung über die Umsetzung des Bologna-Prozesses 2012–2015 in Deutschland.* https://www.bmbf.de/files/Bericht_der_Bundesregierung_zur_Umsetzung_des_Bologna-Prozesses_2012-2015.pdf. Zugegriffen: 3. Juni 2016.

© Springer Fachmedien Wiesbaden 2017
K. Mierke und D.-N. Gansen-Ammann, *Networking-Kompetenz im Job,*
essentials, DOI 10.1007/978-3-658-15240-6

Buss, D. M. (2004). *Evolutionäre Psychologie* (2. Aufl.). München: Pearson Studium.

Buunk, A. P., & Dijkstra, P. (2012). The social animal within organizations. In S. C. Roberts (Hrsg.), *Applied evolutionary psychology* (S. 36–51). Oxford: Oxford University Press.

Chartrand, T. L., & Bargh, J. A. (1999). The chameleon effect: The perception–behavior link and social interaction. *Journal of Personality and Social Psychology, 76,* 893–910.

Cooper, W. H. (1981). Ubiquitous halo. *Psychological Bulletin, 90,* 218–244.

De Janasz, S. C., & Forret, M. L. (2008). Learning the art of networking: A critical skill for enhancing social capital and career success. *Journal of Management Education, 32,* 629–650.

De Waal, F. (2013). *Der Affe in uns. Warum wir sind, wie wir sind.* München: dtv.

Dunbar, R. I. M. (2004). *Grooming, gossip, and the evolution of language.* London: Faber & Faber.

Dunbar, R. I. M. (2010). The social role of touch in humans and primates: Behavioral function and neurobiological mechanisms. *Neuroscience and Biobehavioral Reviews, 34,* 260–268.

Dunbar, R. I. M. (2014). The social brain: Psychological underpinnings and implications for the structure of organizations. *Current Directions in Psychological Science, 23,* 109–114.

Feinberg, M., Willer, R., Stellar, J., & Keltner, D. (2012). The virtues of gossip: Reputational information sharing as prosocial behavior. *Journal of Personality and Social Psychology, 102,* 1015–1030.

Ferris, G. R., Treadway, D. C., Kolodinsky, R. W., Hochwarter, W. A., Kacmar, C. J., Douglas, C., & Frink, D. D. (2005). Development and validation of the political skill inventory. *Journal of Management, 31,* 126–152.

Ferris, G., Treadway, D. C., Perrewe, P. L., Brouer, R. L., Douglas, C., & Lux, S. (2007). Political skill in organizations. *Journal of Management, 33,* 290–320.

Fredrickson, B. L. (2013). Positive emotions broaden and build. *Advances in Experimental Social Psychology, 47,* 1–53.

Fredrickson, B. L., & Losada, M. F. (2005). Positive affect and the complex dynamics of human flourishing. *American Psychologist, 60,* 678–693.

Förster, J., & Friedman, R. S. (2008). Expression entails anticipation: Towards a self-regulatory model of bodily feedback effects. In G. R. Semin & E. R. Smith (Hrsg.), *Embodied grounding: social, cognitive, affective, and neuroscientific approaches* (S. 289–307). Cambridge: Cambridge University Press.

Förster, J., Liberman, N., & Friedman, R. S. (2007). Seven principles of goal activation: A systematic approach to distinguishing goal priming from priming of non-goal constructs. *Personality and Social Psychology Review, 11,* 211–233.

Gansen-Ammann, D.-N. (2014). *Aufstiegsaspiration und soziale Fertigkeit – Identität, Netzwerkfähigkeit und Karriereerfolg.* Rheinische Friedrich-Wilhelms-Universität Bonn, Elektronisch veröffentlichte Dissertation. http://hss.ulb.uni-bonn.de/2014/3672/3672.htm.

Geissmann, T. (2003). *Vergleichende Primatologie.* Berlin: Springer.

Haas, M. (2014). *Crashkurs Networking. In 7 Schritten zu starken Netzwerken.* München: Beck.

Harari, N. Y. (2013). *Eine kurze Geschichte der Menschheit.* München: DVA.

Harris, K. J., Kacmar, K. M., Zivnuska, S., & Shaw, J. D. (2007). The impact of political skill on impression management effectiveness. *Journal of Applied Psychology, 92,* 278–285.

Higgins, C. A., Judge, T. A., & Ferris, G. R. (2003). Influence tactics and work outcomes: a meta-analysis. *Journal of Organizational Behavior, 24,* 89–106.

Hochwarter, W. A., Ferris, G. R., Zinko, R., Arnell, B., & James, M. (2007). Reputation as a moderator of political behavior-work outcomes relationships: A two-study investigation with convergent results. *Journal of Applied Psychology, 92,* 567–576.

Hogan, R., & Blickle, G. (2013). Socioanalytic theory. In N. D. Christiansen & R. P. Tett (Hrsg.), *Handbook of personality at work* (S. 53–70). New York: Routledge.

Hogan, J., & Brinkmeyer, K. (1994). *What do employers want.* Tulsa: Hogan Assessment Systems.

Hogan, R., Chamorro-Premuzic, T., & Kaiser, R. B. (2013). Employability and career success: Bridging the gap between theory and reality. *Industrial and Organizational Psychology, 6,* 3–16.

Hogan, J., & Holland, B. (2003). Using theory to evaluate personality and job-performance relations: A socioanalytic perspective. *Journal of Applied Psychology, 88,* 100–112.

Hogan, R., & Shelton, D. (1998). A socioanalytic perspective on job performance. *Human Performance, 11,* 129–144.

IJzerman, H., & Semin, G. R. (2010). Temperature perceptions as a ground for social proximity. *Journal of Experimental Social Psychology, 46,* 867–873.

Kok, B. E., Coffey, K. A., Cohn, M. A., Catalino, L. I., Vacharkulksemsuk, T., Algoe, S. B., Brantley, M. & Fredrickson, B. L. (2013). How positive emotions build physical health: Perceived positive social connections account for the upward spiral between positive emotions and vagal tone. *Psychological Science, 24,* 1123–1132.

Kolodinsky, R. W., Treadway, D. C., & Ferris, G. R. (2007). Political skill and influence effectiveness: Testing portions of an expanded Ferris and Judge (1991) model. *Human Relations, 60,* 1747–1777.

Kosfeld, M., Heinrichs, M., Zak, P. J., Fischbacher, U., & Fehr, E. (2005). Oxytocin increases trust in humans. *Nature, 435,* 673–676.

Kraus, M. W., Huang, C., & Keltner, D. (2010). Tactile communication, cooperation, and performance: An ethological study of the NBA. *Emotion, 10,* 745–749.

Laird, M. D., Perryman, A. A., Hochwarter, W. A., Ferris, G. R., & Zinko, R. (2009). The moderating effects of personal reputation on accountability-strain relationships. *Journal of Occupational Health Psychology, 14,* 70–83.

Lakin, J. L., & Chartrand, T. L. (2003). Using nonconscious behavioral mimicry to create affiliation and rapport. *Psychological Science, 14,* 334–339.

Losada, M. (1999). The complex dynamics of high performance teams. *Mathematical and Computer Modelling, 30,* 179–192.

Macrae, C. N., & Johnston, L. (1998). Help, I need somebody: Automatic action and inaction. *Social Cognition, 16,* 400–417.

Mierke, K., Neumann, M., & Gansen-Ammann, D.-N. (2015). Politische Fertigkeiten reduzieren das Belastungserleben von Hochschulabsolventen beim Berufseinstieg. *Wirtschaftspsychologie, 17,* 24–35.

Mintzberg, H. (1985). The organization as political arena. *Journal of Management Studies, 22,* 133–154.

Neuberger, O. (2011). Zur Konstruktvalidität des Political Skill Inventory. *Freie Assozia-tion. Zeitschrift für das Unbewusste in Organisation und Kultur, 14,* 17–38.

Oerder, K., Blickle, G., & Summers, J. K. (2014). How work context and age shape political skill. *Journal of Managerial Psychology, 29,* 582–599.

Pérusse, D. (1993). Cultural and reproductive success in industrial societies: Testing the relationship at the proximate and ultimate levels. *Behavioral and Brain Sciences, 16,* 267–322.

Preston, S. D., & De Waal, F. (2002). Empathy: Its ultimate and proximate bases. *Behavioral and Brain Sciences, 25,* 1–20.

Renger, D., & Simon, B. (2011). Social recognition as an equal: The role of equality-based respect in group life. *European Journal of Social Psychology, 41,* 501–507.

Schulz von Thun, F. (1998). *Miteinander reden 3. Das „Innere Team" und situationsgerechte Kommunikation.* Reinbek: Rowohlt.

Shaughnessy, B. A., Treadway, D. C., Breland, J. A., Williams, L. V., & Brouer, R. L. (2011). Influence and promotability: the importance of female political skill. *Journal of Managerial Psychology, 26,* 584–603.

Simon, B., Mommert, A., & Renger, D. (2015). Reaching across group boundaries: Respect from outgroup members facilitates recategorization as a common group. *British Journal of Social Psychology, 54,* 616–628.

Statistisches Bundesamt. (o. J.). *Anzahl der Studienanfänger/-innen im ersten Hochschulsemester in Deutschland in den Studienjahren von 1995/1996 bis 2015/2016.* In Statista - Das Statistik-Portal. http://de.statista.com/statistik/daten/studie/4907/umfrage/studienanfaenger-in-deutschland-seit-1995/. Zugegriffen: 3. Juni 2016.

Todd, S. Y., Harris, K. J., Harris, R. B., & Wheeler, A. R. (2009). Career success implications of political skill. *The Journal of Social Psychology, 149,* 279–304.

Treadway, D. C., Ferris, G. R., Duke, A. B., Adams, G. L., & Thatcher, J. B. (2007). The moderating role of subordinate political skill on supervisors' impressions of subordinate ingratiation and ratings of subordinate interpersonal facilitation. *Journal of Applied Psychology, 92,* 848–855.

von Hirschhausen, E. (2009). *Glück kommt selten allein.* Reinbek: Rowohlt.

Von Schlippe, A., & Schweitzer, J. (2012). *Lehrbuch der systemischen Therapie und Beratung* (12. Aufl.). Göttingen: Vandenhoeck & Ruprecht.

Wayne, S. J., Liden, R. C., Graf, I. K., & Ferris, G. R. (1997). The role of upward influence tactics in human resource decisions. *Personnel Psychology, 50,* 979–1006.

WELT kompakt. (2015). *„Wir leiden an Überakademisierung".* http://www.welt.de/print/welt_kompakt/print_politik/article139952581/Wir-leiden-an-Ueberakademisierung.html. Zugegriffen: 3. Juni 2016.

Wolff, H.-G., & Moser, K. (2006). Entwicklung und Validierung einer Networkingskala. *Diagnostica, 52,* 161–180.

Wuketits, F. M. (1997). *Soziobiologie. Die Macht der Gene und die Evolution sozialen Verhaltens.* Heidelberg: Springer Spektrum.

Zinko, R. (2013). A continued examination of the inverse relationship between political skill and strain reactions: Exploring reputation as a mediating factor. *Journal of Applied Social Psychology, 43,* 1750–1759.